reinhardt

Fritz Riemann
Wolfgang Kleespies

Die Kunst des Alterns

Reifen und Loslassen

4. Auflage
Mit 13 Abbildungen

Ernst Reinhardt Verlag
München Basel

Fritz Riemann (1902–1979) war nach einem Studium der Psychologie und der Ausbildung zum Psychoanalytiker Mitbegründer des Instituts für psychologische Forschung und Psychotherapie in München (heute: Akademie für Psychoanalyse und Psychotherapie). Dort wirkte er als Dozent und Lehranalytiker und führte eine eigene psychotherapeutische Praxis. Seine Verdienste um die Psychoanalyse brachten ihm die Ehrenmitgliedschaft der „American Academy of Psychoanalysis" in New York. – „Grundformen der Angst" ist das berühmteste seiner Bücher; außerdem im Ernst Reinhardt Verlag von ihm erschienen: „Die Fähigkeit zu lieben".

Dr. med. *Wolfgang Kleespies* ist Facharzt für Neurologie, Psychiatrie, Psychotherapeutische Medizin und Psychoanalytiker; er ist langjährig in eigener Praxis in Berlin und als Dozent und Lehranalytiker am C. G. Jung-Institut, ebenfalls Berlin, tätig.

Die ersten beiden Auflagen dieses Buches erschienen unter dem Titel „Die Kunst des Alterns", herausgegeben von Siegfried Elhardt und Doris Zagermann, im Kreuz Verlag.

Covergestaltung unter Verwendung eines Fotos von Sandra Eisold

Bibliografische Information der Deutschen Bibliothek

Die Deutsche Bibliothek verzeichnet diese Publikation in der Deutschen Nationalbibliografie; detaillierte bibliografische Daten sind im Internet über <http://dnb.ddb.de> abrufbar.

ISBN 978-3-497-01955-7
4. Auflage

Printed in Germany
Satz: Fotosatz Reinhard Amann, Aichstetten
Druck und Bindung: Friedrich Pustet, Regensburg

Ernst Reinhardt Verlag, Kemnatenstr. 46, D-80639 München
Net: www.reinhardt-verlag.de Mail: info@reinhardt-verlag.de

Inhalt

Vorwort von Wolfgang Kleespies – 6

Suche nach Glück – 11

Die neuen Freiheiten – 27

Altern als Lebenskrise – 37

Erotik und Sexualität in der zweiten Lebenshälfte – 43

Vorbereitung aufs Alter – 55

Was das Altern heute erschwert – 67

Was das Altern heute erleichtert – 77

Alter und Tod – 87

Schicksalsgemeinschaft als Erleichterung – 103

Von den Tugenden des Alters – 113

Von der geistigen Freiheit im Alter – 119

Das Nicht-loslassen-Können – 131

Flucht vor der Einsamkeit – 143

Nachwort zur 1. Auflage – 158

Literatur – 162

Bildnachweis – 163

Vorwort

von Wolfgang Kleespies

Gern habe ich von der vom Ernst Reinhardt Verlag gebotenen Möglichkeit Gebrauch gemacht, das 1981 aus dem Nachlass veröffentlichte Manuskript „Die Kunst des Alterns“ von Fritz Riemann – allseits bekannt durch seinen Klassiker „Grundformen der Angst“ – durchzusehen, zu überarbeiten und an den gegenwärtigen Stand der Alternsforschung anzugleichen. Hierzu gehört auch die Berücksichtigung inzwischen gewandelter, „zeitgemäßer“ Vorstellungen und eingetretener neuerer gesellschaftlicher Entwicklungen. Das betrifft etwa die Rolle der Sexualität oder die Häufigkeit und Motivstruktur der Suizide im Alter, die Bedeutung des medizinischen Fortschritts und die „Wissensexplosion“, mit der zunehmenden Schwierigkeit gerade für den älteren Menschen, zu ethischen Standpunkten zu kommen. Dies zeigt sich etwa in der Frage der Gentechnik oder in der Embryonenforschung: Vieles lässt sich in seiner Tragweite einfach nicht mehr abschätzen.

Es ging aber auch darum, neuere Erkenntnisse zur Entwicklungspsychologie, etwa aus der modernen Bindungsforschung, in den Text mit einzuarbeiten. Entgegen der noch vor 20 Jahren herrschenden Auffassung von der relativen Bindungslosigkeit des Säuglings weiß man heute um die intensive und intelligente „Bezogenheit“, die den Säugling als bereits von der Mutter abgegrenzte kleine „Persönlichkeit“ erscheinen lässt, die in einer durchaus zielgerichteten und intelligenten Aktivität ihre unterschiedlichen Urbedürfnisse durchzusetzen vermag.

Die Probleme des Älterwerdens und des Alters scheinen sich nun in den letzten Jahren eher zu verschärfen und bedürfen dringend einer Neubesinnung hinsichtlich dessen, was man vom Alter für sich erwarten darf oder erwarten sollte. Die alten idyllischen Bilder, wie sie Riemann ironisch beschreibt, von dem Pfeife rauchenden Großvater und der mütterlich-umsorgenden, strickenden und Bibel lesenden Großmutter, umringt von einer Schar andächtig aufblickender Enkel, gelten – wenn sie es denn je waren – schon lange nicht mehr. Das neue Bild des „jung gebliebenen und mobilen Alten“ zeugt zwar von neuer Lebendigkeit, kann aber auch zu einer erstarrten Fassade werden, wenn man damit auch die bangen, aber notwendigen Fragen der Vergänglichkeit und des Todes, wie sie sich im Alter immer häufiger stellen, ausblenden will.

Ganz in dieser Abwehrlinie bleibend, legt unsere Zeit mit ihrer hektischen Schnelllebigkeit das ganze Interesse der veröffentlichten Medienmeinung auf die Jugend und lässt das Alter wie eine lästige Krankheit oder „Betriebsstörung“ erscheinen, die es mit allen Mitteln zu überwinden oder zu verdrängen gilt.

Sich beim „Alttags-Betrieb“ stören zu lassen ist aber ein Hauptanliegen des vorliegenden Buches von Riemann. Es will auffordern zur Reflexion. Sosehr die medizinischen Möglichkeiten uns geholfen haben, „Altersleiden“ im Sinne der Prävention und Früherkennung zu mildern, warnt Riemann doch vor einer allzu forcierten Haltung des „Nicht-alt-werden-Könnens“.

In unserer Zeit ist in den Fragen des Alters noch immer eine Verirrung und Verwirrung zu finden, in der manche Alten es fast um jeden Preis der Jugend gleichtun wollen oder, da sie es nicht mehr können, an verklärten Reminiszenzen an die Vergangenheit festhalten.

Schon die antiken Ärzte unterschieden wohlweislich zwischen „Senium“ und „Senectus“, zwischen Bildern des Abbaus, der Hilflosigkeit, des Niedergangs und des Verfalls sowie den Möglichkeiten des Alters, sich fruchtbar zu entfalten. Zu sehr wird auch heute noch der Verlust, das, was einem im Alter entgeht, in den Vordergrund gestellt. Ein Verdienst dieses Buches liegt darin, nicht auf den Mangel, sondern auf die prospektiven Möglichkeiten des Alterns und des Alters aufmerksam zu machen, ohne in eine sentimentale Schwärmerei zu verfallen. In einfacher, klarer und allgemeinverständlicher Sprache werden auch kompliziertere Probleme des Älterwerdens und des Alters angesprochen. Diese Grundkonzeption des Buches sollte auch in den Zusätzen und notwendigen Ergänzungen beibehalten werden.

Als praktizierender ärztlicher Psychotherapeut und „Jungianer" liegt es mir am Herzen, die gerade in diesem Buch sichtbar gewordene Nähe Riemanns zu C. G. Jung ein Stück zu vertiefen und zu begleiten. Die umfangreichste Bearbeitung erfuhren daher die Kapitel „Alter und Tod", „Von der geistigen Freiheit im Alter" und „Das Nicht-loslassen-Können". Hier wurden die von Riemann erwähnten tiefenpsychologischen Positionen C. G. Jungs vertieft, wie etwa das psychologische Faktum von der „Zielstrebigkeit" der Psyche (die Psyche ist nicht nur aus der Vergangenheit zu erklären, wie es Freud tat, sondern auch auf die Zukunft hin gerichtet) oder von der „Persona" als einer „Lebensmaske und Lebensrolle", die, wenn sie allzu starr beibehalten wird, die Bildung einer im Alter notwendig werdenden neuen Identität verhindert.

Bei dem Leser eine selbstverantwortliche Nachdenklichkeit zu erreichen gehört sicherlich zu den kreativen Zielen dieses Buches. Dazu gehört aber auch die Kenntnis des eigenen „Schattens", wie C. G. Jung die unerledigt gebliebenen Lebensthemen bezeichnet, die unser Denken und Handeln einschränken und uns an der Entfaltung hindern können. Es ist nämlich immer wieder zu beobachten, dass älter werdende Menschen gar nicht von den sich bietenden Möglichkeiten einer „geistigen Freiheit im Alter" (so auch das gleichlautende Kapitel) Gebrauch machen können, ja wollen.

Die Psychologie Jungs ermöglicht uns hier, eine oft zu Grunde liegende neurotische Sperre aufzudecken, die genau jene unbewältigten Lebensthemen meint, die durch das bisherige Leben (etwa in symbiotischer Partnerschaft) lediglich überdeckt, aber nie bewältigt wurden. Aber die „Schatten der Vergangenheit" leben wieder auf, da sie nie endgültig erledigt waren.

In zwei Behandlungsbeispielen aus dem eigenen psychotherapeutischen Praxisalltag (im Kapitel „Das Nicht-loslassen-Können) versuche ich die typischen Problemsituationen zu illustrieren, die die angesagten Reifungsschritte im Alter zunächst nachhaltig beeinträchtigen können. Kaum fällt nämlich das bisherige Lebensarrangement weg, etwa durch Trennung oder Tod des Partners oder durch Aufgabe des Berufslebens, können sich Ängste und Depressionen bemerkbar machen, die die weitere Entwicklung unterbinden.

Sich schließlich mit der angeborenen „Zielstrebigkeit der Psyche" zu verbünden und dort wieder anzuknüpfen, wo sie blockiert wurde, bietet dem, der diese „Kunst" beherrscht, den Ausweg aus der inneren Sackgasse und versetzt ihn in die Lage, zu einer wahren „geistigen Freiheit" im Alter, zu einer „Kunst des Alterns" zu kommen.

Berlin, Januar 2005 Wolfgang Kleespies

Es ist heute viel mehr von dem in unsere eigenen Hände gelegt, damit aber auch in unsere eigene Verantwortung, was man früher als Schicksal angesehen hat. Passives Hinnehmen des Schicksals ist der heutigen dynamischen Zeit fremd. Und das wird sich auch auf die Einstellung zum Alter auswirken, welches wir durch vernünftige Vorbereitung und Gestaltung zu einem Lebensabschnitt machen wollen, der durchaus noch Gestaltungsmöglichkeiten enthält, neben dem Hinzunehmenden, das immer auch dazugehören wird.

Suche nach Glück

Glückserwartungen haben die Menschen wohl schon immer gehabt; so verschieden dabei die Vorstellungen vom Glück auch sein mögen – insgeheim schwebt uns meistens etwas wie ein Dauerzustand vor, den wir einmal erreichen zu können hoffen. Viele Märchen klingen deshalb in den Worten aus: „So lebten sie glücklich und zufrieden bis an ihr seliges Ende, und wenn sie nicht gestorben sind, so leben sie noch heute." Und wenn es uns nicht gelungen ist, hier auf Erden das Glück zu finden, verlegen wir es in den Himmel und erhoffen uns nach dem Tode die ewige Glückseligkeit im Jenseits.

Die griechische Mythologie hat uns die Legende von Endymion überliefert: Dem schlafenden Jüngling Endymion drückte die Göttin Selene einen Kuss auf die Stirn, der ihn mit solchen Glücksgefühlen überflutete, dass er den Göttervater bat, ewig leben zu dürfen, in ewigem Schlaf und ewiger Jugend – Zeus erfüllte ihm die Bitte.

Diese Legende schildert unseren Wunsch nach dem Glück als einem Zustand zeitloser und unveränderter Glückseligkeit unübertrefflich – aber sie zeigt uns auch, um welchen Preis das allein erreichbar wäre: Wir müssten unsterblich sein, dürften nicht altern, nicht einmal zum Bewusstsein unser selbst erwachen, sondern nur in passiver Erwartung das Beglückende von außen erhoffen. Das Wissen um die Vergänglichkeit, das Bewusstsein unserer Sterblichkeit sowie die Begegnung mit der harten Wirklichkeit des Lebens scheinen somit die größten Feinde des Glücks zu sein. Aber sind sie das vielleicht nur, solange wir an der Vorstellung des Glücks als einem Zustand zeitloser und unwandelbarer Glückseligkeit festhalten und damit an einer Illusion, die im Rahmen eines Menschenlebens nicht erfüllt werden kann? Und vielleicht will uns die Legende auch zeigen, dass wir durch das Festhaltenwollen des Glücks es gerade erst gefährden, wie wir alles gefährden, was wir unverändert festhalten und dem Fließen der Zeit entziehen wollen.

Aber wie kommen wir überhaupt zu solcher Erwartung eines unverändert anhaltenden Glücks, an der wir so hartnäckig festhalten, obwohl wir es immer wieder erfahren, wie zerbrechlich Glück ist? Wir gehen wohl nicht fehl, wenn wir annehmen, dass diese Glückserwartung aus unserer Kindheit stammt und die Erinnerung an das verlorene Paradies unserer frühesten Kindheit ist, das wir wieder finden wollen. Die Erinnerung an eine Zeit also, in der wir noch ohne Zeitbewusstsein lebten und insofern tatsächlich gleichsam unsterblich waren, weil wir von Tod und Sterben nichts wussten, an eine Zeit zugleich, in der es noch kein Gut und Böse gab, keine Angst und keine Schuld, und in der uns alles, dessen wir bedurften, ohne eigenes Bemühen gegeben wurde, in der wir wie traumhaft und ohne Bewusstsein unser Selbst lebten in schlichter Daseinsfreude. Ist somit unsere Glückserwartung die Erinnerung an einen Paradieszustand, der zwar nur allzu kurz währte, dennoch lang genug, um in uns nachzuklingen als die Sehnsucht, ihn wieder zu finden, dann ist unsere Sehnsucht nach einem solchen Glück von unwandelbarer Dauer, das uns ohne eigenes Bemühen geschenkt wird, sicher eine kindliche Vorstellung. Aber deshalb brauchen wir auf das Glück doch nicht völlig zu verzichten – nur wird es offenbar anders aussehen müssen als jene kindliche Vorstellung.

Aber was meinen wir eigentlich, wenn wir von Glück sprechen? Ist es etwas, das uns zufällt, oder ist es eine Gnade? Können wir selbst etwas dazu beitragen, oder kann es uns nur geschenkt werden? Liegt es in der Liebe oder in Macht, Erfolg und Ruhm. Macht Besitz uns glücklich oder der Verzicht auf irdische Güter? Ist damit die Heiterkeit des Gemütes gemeint oder die Zufriedenheit mit unserem Schicksal? Liegt es in der Übereinstimmung mit uns selbst, mit den anderen oder mit der Welt? Wir sehen, es ist gar nicht leicht, das Glück allgemein gültig zu fassen, obwohl jeder von uns zu wissen glaubt, was er damit meint. Wenn wir uns noch einmal an die Legende von Endymion erinnern: Was uns an ihr so berührt, ist doch wohl gerade, dass sie in krassem Widerspruch zur Realität unseres Lebens steht. Das heißt aber mit anderen Worten, dass wir uns bewusst sind, dass in der Wirklichkeit Glück ein Gefühlserleben ist, das nicht ewig anhält, das uns nur für Augenblicke geschenkt wird, sosehr wir uns auch wünschen, es möge dauern. Vielleicht versuchen wir deshalb, unsere Glückserwartungen an konkrete Dinge anzuheften, weil wir dann hoffen, deren Besitz würde uns die ersehnte Dauer verschaffen können. Fragen wir jemanden, was er sich unter Glück vorstellt, versucht er es daher zu konkretisieren, gleichsam zu materialisieren, um es benennen zu können. Aber vielleicht spürt er im gleichen Augenblick, wo er das versucht, dass er dieses Konkrete gar nicht meint, sondern eben jenes schwer fassbare Glücksgefühl, das das eigentlich Beglückende ist.

Versuchen wir dennoch, etwas Allgemeingültiges über das Glück auszusagen, scheint es letztlich, dass unsere Suche nach Glück sich zwei Zielvorstellungen zuwendet. Die eine können wir mit dem Begriff der Selbstverwirklichung benennen, die andere mit der Liebe im weitesten Sinne. Jeder Mensch hat den Wunsch, das Bestmögliche aus sich und seinem Leben zu machen, es so reich und erfüllt zu gestalten, so sinnvoll zu leben, wie es ihm möglich ist. Worin er dabei diesen Sinn und diese Erfüllung sieht, das kann sehr verschieden sein, so verschieden, wie eben unsere Vorstellungen von der Selbstverwirklichung sind. Und jeder Mensch hat die Sehnsucht nach Ausweitung seiner ihn isolierenden Ichgrenzen in verstehendem und liebendem mitmenschlichem Austausch, der ihn aus der Einsamkeit des Individuums erlösen soll, und wieder kann sich diese Liebesfähigkeit den verschiedensten Objekten zuwenden. Ohne den Wunsch nach der Selbstverwirklichung oder, wie man sie auch genannt hat, nach der Individuation blieben wir dumpfe Massenmenschen und lernten das Glück nicht kennen, das in der Entfaltung und Entwicklung unserer Persönlichkeit liegt. Und ohne die Fähigkeit zu lieben bliebe unser Leben trostlos und nicht lebenswert.

Selbstverwirklichung und Liebesfähigkeit sind also die beiden Ziele auf unserer Suche nach Glück, und beide ergänzen sich, sollten sich ergänzen. Es kann für uns nicht heißen: Selbstverwirklichung *oder* Liebesfähigkeit, sondern das Glück, nach dem wir suchen, hat sehr viel mit dem Finden einer Synthese zwischen diesen einander scheinbar widersprechenden Zielen zu tun.

In Krisenzeiten, wie unsere Gegenwart in vieler Hinsicht eine ist, erfahren die Bereiche der Selbstverwirklichung und der Liebesfähigkeit eine Erschütterung, und wir fühlen uns zu einer Neuorientierung gedrängt. Die Bedrohtheit unserer Existenz verschärft zunächst die Neigung zu egozentrischem Egoismus. Wir berufen uns darauf, dass jeder sich selbst am nächsten ist, und suchen dann die Selbstverwirklichung in vermeintlich selbstverständlichem Anspruch auf unser persönliches Glück, das damit immer ausschließlicher in Lust und Genuss, in Macht, Erfolg und Besitz gesehen wird, worin die einzig realen und sicheren Glücksmöglichkeiten zu liegen scheinen.

Unsere Gegenwart verführt uns besonders leicht dazu, weil die Güter der Welt uns uneingeschränkt zur Verfügung zu stehen scheinen. In dem Schlagwort von der Konsumgesellschaft kommt das zum Ausdruck, noch schärfer in dem der Wegwerfgesellschaft, die nach Genuss wegwirft, was sie benutzt hat, was erschreckenderweise sogar auf unsere mitmenschlichen Beziehungen überzugreifen droht. So scheinen wir Selbstverwirklichung mit Egoismus zu verwechseln und zu glauben, dass das Glück in immer unbeschränkterem Habenwollen besteht. Technik und Industrie verleiten uns durch neue und reizvolle

Angebote zu immer neuen Anschaffungen und suggerieren uns, sie würden uns glücklich machen. Wir kommen kaum einmal auf den Gedanken, uns zu fragen, was wir zu *geben* bereit sind für unser so uneingeschränktes Nehmen, höchstens dass hier und da einmal eine warnende Stimme hörbar wird, wir müssten uns nach neuen Energiequellen umsehen, womit aber auch nur angedeutet wird, dass wir hoffen, dann unbesorgt so weiterleben zu können wie bisher.

Dem ist aber in zweifacher Hinsicht eine Grenze erwachsen, die uns zum Innehalten und zur Neubesinnung auffordert. Zum einen haben wir aus Gründen unserer alternden Gesellschaft und nicht rechtzeitig vorgenommener Reformen die Grenzen unseres Wachstums erreicht. Der Konsum geht nun zurück, das Geld sitzt nicht mehr so locker. Zum anderen haben wir aber auch einen gewissen Sättigungsgrad in unserem Konsumdenken erlangt. Dies trifft zumindest für die Älteren zu, während die Jüngeren wegen ihrer Manipulierbarkeit die Hauptzielgruppe der Werbung bleiben. Aber es gilt generell: Konsumwünsche lassen sich auch durch noch so geschickte Werbung nicht beliebig steigern. Wir leben daher derzeit eher in einer „gesättigten Gesellschaft". Damit sind wir in einer schwer erträglichen Zwischenwelt angekommen, die nach weiterer Entwicklung drängt. Der alte Konsum- und Wachstumsgedanke greift nicht mehr.

Es gab ja schon immer untergründige Gegenströmungen zum „Zeitgeist". Man denke nur an die Konsumverweigerer und Aussteiger der siebziger Jahre, die nach anderen Werten und alternativen Lebensformen suchten. Eine solche Bewegung ist derzeit zwar nicht auf breiter Linie auszumachen, dennoch erwächst uns eine Chance: Es zählt nicht mehr, was einem fehlt, was man noch haben könnte. Vielmehr scheint sich eine Neubesinnung in der Ideologie des Habenwollens abzuzeichnen. Es gilt neu zu entdecken, „was man bereits hat", nämlich alte Wertvorstellungen; es geht um Rückbesinnung und die Entdeckung des identitätsstiftenden „Eigenen". Hierzu passt, dass in den neuen Bundesländern ein Aufleben der Tradition – aus ideologischen Gründen lange genug verbannt – zu bemerken ist. Augenfällig findet sich dieses „neue Denken" in der Restauration der alten Stadtkerne, die einer neu erwachten Liebe zu den ureigenen Wurzeln entspringt. Die Tradition gibt Sicherheit gegenüber der kollektiven Überschwemmung mit Informationen aus einer global vernetzten Welt. Hier haben die „Alten", wenn man sie nur ließe, die Chance zur Wiederbelebung alter und noch selbst erfahrener Werte, die zum Beispiel in der Konzentration auf das Wesentliche im Leben liegt.

Offenbar müssen wir es wieder lernen, uns in gesunder Selbstbeschränkung zu üben und dankbar zu sein. So gilt es neu zu erfahren, dass Geben seliger ist als Nehmen. Wenn wir stattdessen immer nur nehmen und verbrauchen, drohen wir an unseren „Ausscheidungen" zugrunde zu gehen, wofür ja schon genügend Anzeichen bestehen. In früheren Zeiten kannten die Menschen die Dankbarkeit; es gab Dankopfer und Erntedankfeste als Zeichen dafür, dass man sich bewusst war, beschenkt worden zu sein von der Natur oder den Göttern. Heute nehmen wir nicht nur alles, was uns geboten wird, selbstverständlich in Anspruch ohne Gegenleistung, sondern wir beanspruchen mehr, als wir brauchen, und beuten die Natur und uns gegenseitig aus. Wir zerstören damit unsere eigenen Lebensbedingungen, weil wir die Eigengesetzlichkeit der Natur nicht respektieren und nicht dafür sorgen, da, wo wir in natürliche Abläufe eingreifen, ihr lebendiges Gleichgewicht wiederherzustellen.

Wir müssen neu lernen, dankbar zu sein für das Empfangene, und es wieder erleben, dass Dankbarkeit ein Glücksgefühl vermittelt, weil sie uns in über uns hinausreichende Zusammenhänge sinnvoll eingliedert. Dankbarkeit wärmt das

Herz und öffnet es für „gute" Gefühle. Dankbarkeit ist ein Teil der Liebesfähigkeit. Wir erkennen in ihr unsere Abhängigkeit von allem an, was wir nicht „machen" können, besinnen uns darauf, dass wir bei aller Intelligenz, bei allem Wissen doch letztlich nur Nachschaffende sind, angewiesen auf Naturgesetzlichkeiten und geistige Wirklichkeiten, die uns vorgegeben sind.

Und das gilt nicht nur unserer „großen Mutter", der Natur, gegenüber, sondern ebenso im mitmenschlichen Bereich. Jeder von uns ist in der Erfüllung seiner Lebensbedürfnisse von anderen abhängig, deren Leistungen wir als selbstverständlich hinnehmen. Unsere mitmenschliche Welt sähe schon sehr anders aus, wenn wir uns wieder auf das Aufeinanderangewiesensein besännen, wenn wir den Mitmenschen und auch denjenigen gegenüber, die uns im Berufsleben untergeordnet sind, Achtung und Anerkennung empfänden, von der wir uns durch Lohn und Gehalt glauben loskaufen zu können. Solche Trägheit des Herzens beraubt uns vieler Glücksmöglichkeiten. Wenn wir versuchten, dankbarer, gütiger und gebender zu sein, könnten wir entdecken, dass darin Glücksmöglichkeiten liegen, die wir uns verbauen durch scheinbar selbstverständliche Ansprüche. Das selbstverständliche Fordern, Hinnehmen und Benutzen von allem, was nicht selbstverständlich ist, wird zum Ausgangspunkt unbedenklichen Missbrauchs auf allen Gebieten. Wir lachen darüber, wenn ein so genannter Primitiver sich bei dem Tier entschuldigt, das er für seinen Lebensbedarf töten muss. Wir dagegen schießen auf organisierten Safaris sinnlos Tiere ab – beinahe sieht es so aus, als ob wir Glück im Zerstören fänden.

Wir suchen das Glück fast ausschließlich in Erfolg, Macht, Ruhm und Besitz. Natürlich gehört solches Streben auch zu unserem Wesen, aber wenn wir es zum einzig erstrebenswerten Ziel machen, schaffen wir damit den Leistungszwang, wie uns alles zum Zwang wird, was wir erzwingen wollen. Das fördert dann einen einseitigen Wertmaßstab, dem wir uns alle unterordnen, ohne ihn in Frage zu stellen: Wir beurteilen einander nach äußeren Erfolgen, nach den so genannten Statussymbolen – der Mensch „dahinter" interessiert uns, wenn überhaupt, erst sekundär.

Das beginnt schon in der Schule, wo die Leistung in Zensuren gemessen und damit der Leistungsehrgeiz gezüchtet wird, was sich mutatis mutandis durch unser ganzes Leben fortsetzt. Der Mitmensch wird uns dadurch zum Rivalen, den es auszustechen gilt, nicht in spielerischem Messen der Kräfte, sondern im harten Kampf darum, wer Hammer, wer Amboss ist. Damit züchten wir einen einseitig rational-intellektuellen Leistungstyp heran, was nur zu oft auf Kosten menschlicher Qualitäten geht und unsere Glücksfähigkeit mindert. Die ersten Weichen dafür werden meist schon in der Familie gestellt, und doch sollten wir gerade hier humane Werte lernen: Fairness, Rücksicht, Gerechtigkeit, Hilfsbereitschaft und Kameradschaftlichkeit.

Im Allgemeinen sprechen wir von Glück, wenn jemandem unerwartet etwas ihn Beglückendes begegnet, wofür das Finden des seltenen vierblättrigen Kleeblattes ein Symbol geworden ist. Darin ist etwas Wichtiges über unsere Suche nach Glück ausgesagt: einmal, dass es nicht möglich ist, es zu erzwingen, sondern dass es uns letztlich zufällt; zugleich aber doch auch, dass das Suchen erst das Finden ermöglicht, wenn auch nicht garantiert. So können wir von einem Talent zum Glück sprechen, von Verhaltensweisen, die es anzuziehen vermögen, und das ist umso mehr erreichbar, je mehr unsere Glückserwartungen sich von konkret-materiellen Dingen abgelöst haben. Einen Lotteriegewinn können wir nicht erzwingen, und noch die bemühtesten mathematischen Berechnungen des Zufalls lassen uns bei Glücksspielen im Stich – hierin liegt der irrationale Charakter des Glücks, seine Unberechenbarkeit und das „Launische". Gewiss, wer nie Lotterie spielt, kann auch keinen Losgewinn machen. Aber es kann jemand auch jahrelang Lotterie spielen und nie einen Gewinn ziehen. Wir können auf solchen Gebieten also dem Glück bestenfalls eine Chance geben, aber dass es uns auswählt, dafür können wir nichts tun.

Es gibt offenbar verschiedene Arten von Glück, und sie hängen von der Entwicklungshöhe einer Kultur bzw. eines Individuums ab. Wir sprechen von Jagdglück, Kriegsglück, von einem glücklichen Fang, von Glück im Spiel, und wir nennen es Pech, wenn uns das Glück dabei nicht hold ist. Solches Glück und Pech hat wenig mit uns selbst zu tun, und wenn wir es beeinflussen wollen, greifen wir daher nach magischen Beschwörungen und Zauberformeln, um es anzuziehen bzw. zu vermeiden. Bei allen diesen Formen des Glücks wird uns etwas geschenkt, was wir gern haben möchten, wir sind völlig abhängig vom Zufall oder von außermenschlichen Mächten. Sprechen wir dagegen von der Suche nach Glück, meinen wir damit ein Glück, das auch mit uns selbst zu tun hat, das von uns, unseren Verhaltensweisen und Einstellungen abhängt, wie es am klarsten in dem Sprichwort ausgedrückt ist, dass jeder seines Glückes Schmied sei. Hier wird das Glück ganz in unsere Hand gelegt. Lesen wir aus diesem Sprichwort nicht nur eine Illusion, die unser Bewusstsein, das Glück nicht wollen zu können, wunschgemäß als von uns selbst abhängig abwandelt, scheint es offenbar eine andere Art von Glück anzusprechen, vielleicht können wir sagen: eine geistigere Art, ein nicht nur materielles Glück.

Lösen wir unsere Glücksuche vom nur Materiellen und Quantitativen ab, vom Habenwollen und von vermeintlichen Ansprüchen, wird sie zum Suchen nach Harmonie, nach innerem Frieden, nach Übereinstimmung mit uns selbst, nach schenkender Liebe und nach Demut, und die Vorstellung von Glück verschiebt sich vom Habenwollen immer mehr zum Gebenwollen. Gebenwollen liegt aber weitgehend in unserer Macht, und wenn wir es als Glück erfahren, sind wir tatsächlich die Schmiede unseres Glücks. Und zu geben haben wir alle etwas: Zuneigung, Liebe, Verständnis, Einfühlung, Achtung, Hilfsbereitschaft, Freundschaft, Mitgefühl, Dankbarkeit oder Interesse.

Wir leben in einer harten und gefährdeten Zeit, wir sind beruflich ungemein gefordert, und viele, wenn nicht die meisten von uns, in Tätigkeiten, die auf den ersten Blick lediglich dem Lebensunterhalt dienen, aber kaum Befriedigung, Sinnerfüllung und Freude vermitteln können. Doch die Technik hat uns mehr und mehr Freizeit ermöglicht gegenüber früheren Generationen, und die Gestaltung dieser Freizeit liegt weitgehend in unserer Hand. Wir haben meist weit mehr Begabungen und Interessen, als wir meinen – sie wurden nur nicht genügend angesprochen, wir haben sie in uns noch nicht entdeckt und erprobt.

So liegen auf der Seite der Selbstverwirklichung künstlerische und handwerkliche Betätigungen; sie fördern die Phantasie, entspannen und konzentrieren uns in einem, lassen uns uns selbst vergessen und zugleich neu finden in nicht zweckbestimmtem Tun. Sie geben uns, wenn auch in bescheidenem Maße, Schöpferfreuden und sind nicht mit großen Kosten verbunden. Bei einigem Bemühen kann jeder eine Ausdrucksmöglichkeit finden, die ihm entspricht – Schaffensfreude ist eine der verlässlichsten Glücksmöglichkeiten, und sie steht nicht nur den Genialen offen.

Wir wissen von seelisch Kranken, wie helfend und heilend gestaltende Tätigkeiten für viele von ihnen geworden ist. Beim Malen, Töpfern, Musizieren und Basteln haben wir neben der Freude am Handwerklichen, die zu unserer Natur gehört, Erlebnisse des Könnens und Gestaltens, und diese haben eine seelische Auswirkung: Sie harmonisieren uns und können zum Ausdrucksmittel für vieles werden, das wir sonst ungelöst mit uns herumtragen. Sie können ein Glücksgefühl und eine Zufriedenheit vermitteln, die an Heiterkeit grenzen, an eine stille Heiterkeit, die wir fast nicht mehr kennen und die auch in unseren Alltag und auf unsere Umgebung ausstrahlt.

Aber auch jedes andere Hobby, jede Liebhaberei enthält Glücksmöglichkeiten. Ob wir Pflanzen oder Tiere studieren oder züchten, ob wir uns im uns möglichen Ausmaß mit Astronomie oder Gesteinskunde, mit Mythologie oder Graphologie, mit unseren Träumen oder mit Astrologie beschäftigen – wo immer wir die Natur und das Lebendige verstehen wollend betrachten, bereichert es uns, lehrt es uns wieder das Staunen und vermittelt uns Befriedigung und beglückende Erlebnisse. Es gehört zu unserer leistungsorientierten Einstellung, dass wir meinen, solche Betätigungen müssten etwas einbringen oder sie wären nur mit großem wissenschaftlichem Aufwand und für Fachleute möglich. Aber gerade dass wir solche Dinge zweckfrei und nicht um Geld oder aus Ehrgeiz, sondern um ihrer selbst willen betreiben, aus Freude am Tun, macht das Beglückende aus. Vielleicht finden wir dabei auch „Wahlverwandte“ mit ähnlichen Neigungen.

Wir müssen in vieler Hinsicht wieder „leben lernen“, weil wir in Lebensbedingungen gestellt worden sind, mit denen wir erst umzugehen lernen müssen. So beginnen wir, Gegenkräfte gegen die Hektik, Unrast und Oberflächlichkeit unseres Alltags zu entwickeln. Sammlungs-, Atem-, Konzentrations- und Meditationsübungen können uns wieder mit Wesensschichten in uns verbinden, zu denen wir den Zugang verloren haben. Zwar werden diese Wege oft mehr zur Weltflucht benutzt, zur Befriedigung eines unbestimmten Sensationsbedürfnisses oder Wunderglaubens, und sie münden nicht selten in subtilem Selbstkult. Aber die Suche nach etwas Sinngebendem und nach einer Bewusstseinserweiterung über unser banales materialistisches Denken hinaus entspricht doch einem echten menschlichen Ziel.

Was nun die Liebesfähigkeit anbelangt, die heute so oft zu verarmen droht, lassen sich doch auch neue Wege erkennen, unsere Erlebnisfähigkeit zu wecken und unsere mitmenschlichen Beziehungen zu bereichern. Wir haben unsere Partnerbeziehungen immer mehr sexualisiert. So ist aus der Liebe ein Leistungsproblem geworden, oder wir glauben, modern und unabhängig sein zu müssen, und suchen das Glück in immer neuen Abenteuern und im Partnerwechsel. Die Quantität droht die Qualität zu ersetzen, das ist eines der trübsten Symptome materialistischen Denkens. Jeder Ersatz aber, der nicht das eigentlich Gesuchte befriedigt, führt zur Süchtigkeit.

Aber auch hier sind Gegenkräfte zu erkennen. Die verschiedenen Formen von Selbsterfahrungsgruppen, Gruppen mit Paaren und so weiter ermöglichen uns mitmenschliche Kontakte, in denen wir erfahren, wie sich unser Wesen in anderen spiegelt, mit der Chance, korrigierende Neuerfahrungen über uns selbst und über andere zu machen: Wir lernen es, Fassaden und Masken fallen zu lassen, und erfahren, dass andere ähnliche oder schwerere Probleme und Schicksale auferlegt bekommen haben als wir. Wir erleben das Befreiende des Sichmitteilens gerade auch in Bezug auf Ängste, Leid und Schuldgefühle, die wir sonst vor anderen verbergen, und können erleben, dass solche Gruppenerfahrungen ein Vertrauen und eine Verbundenheit entstehen lassen, die über Familien-, Standes- oder sonstige Zugehörigkeiten hinausreichen und zu einer neuen „Brüderlichkeit“ finden lassen.

Auch die verschiedenen Formen von Wohngemeinschaften, die wir als Großfamilien auf der Basis von Wahlverwandtschaft ansehen können, sind Versuche mitmenschlichen Zusammenlebens, die vermutlich auch neue Formen des Wohnens entstehen lassen werden. Und nicht zu vergessen sind die vielen Hilfen, die wir einander geben können. Ob Babysitten, Altenbetreuung und sonstige nachbarlich-mitmenschliche Hilfen – wir haben ein ungenütztes Potential an helfenden Kräften, das wir oft nur nicht sehen, weil Begabung und Bereitschaft uns meist nicht genügen und wir Ausbildungsbedingungen bzw. Vorbildungen glauben fordern zu müssen, die vielen den Weg versperren. Wissenschaftlich verbildet, wie wir sind, meinen wir, dass fähige und begabte Laien eben Laien und damit schon abgewertet sind.

Wir erleben es immer eindringlicher, dass die Machbarkeit der Dinge, der Fortschrittsrausch und der Wohlstand allein uns nicht glücklich machen. Wir leben in einer Zeit des Umbruchs, in der sich die Chancen und Gefahren die Waage zu halten scheinen: Große Entwicklungsmöglichkeiten stehen neben Vernichtungsmöglichkeiten, Humanität neben Unmenschlichkeit, Freiheit neben Chaos. Das stellt uns vor Aufgaben, die unsere Kräfte zu übersteigen drohen und die wohl nur mit Hilfe einer neuen Ethik und einer metaphysischen Bewusstseinserweiterung zu bewältigen sind. Durch eine Ethik, die uns nicht überfordert, indem sie Ansprüche an uns stellt, die unserer Natur nicht gemäß sind, die uns aber in eine neue Selbstverantwortung stellt; und durch eine Bewusstseinserweiterung zum Metaphysischen, Religiösen und Transzendenten hin, die uns wieder einfügt in überpersönliche Zusammenhänge und in das Bewusstsein unserer Abhängigkeiten. Öffnen wir also wieder unseren Blick für die Werte, in denen die eigentlichen Glücksmöglichkeiten liegen: für die Liebesfähigkeit, Verantwortung, Brüderlichkeit, für die Ehrfurcht vor dem Leben, für Dankbarkeit und für eine Freiheit, die keine Willkür ist, sondern die Möglichkeit, uns zu entwickeln innerhalb notwendiger Grenzen, die durch die Humanität gesetzt sind.

Die neuen Freiheiten

Es ist heute in mancher Hinsicht schwerer als früher, sich auf Alter und Tod einzustellen. Vieles brauchen wir in weit geringerem Maße als die Generationen vor uns als schicksalhaft gegeben und unveränderlich hinzunehmen. Das ist aber zugleich der Januskopf mancher unserer neuen Freiheiten: Sie stellen viel mehr von dem in die eigene Entscheidung, was man früher dem lieben Gott, dem Schicksal oder der Natur überlassen hätte, und damit müssen wir erst umzugehen lernen.

Die ungeheuren Fortschritte und Erfolge der Naturwissenschaften, die Vorstellung, so ziemlich alles steuern und manipulieren zu können, auch im Bereich des Lebendigen, die Erfahrung, dass der Mensch selbst auch im Seelischen und Biologischen durch Technik beeinflussbar ist – dies alles hat dazu geführt, dass wir uns in ungeahnter Breite frei machen konnten von der Annahme, Naturgesetze und besonders organische Abläufe lägen unveränderbar fest. Die Massenmedien erwecken zusätzlich die Hoffnung in uns, die Natur immer mehr beherrschen zu können. Und tatsächlich ist ja vieles, das früher als Phantasterei, als Sakrileg oder Größenwahn gegolten hätte, bereits Wirklichkeit geworden. Moderne Empfängnisverhütung auf der einen und künstliche Befruchtung auf der anderen Seite lassen uns über die Fortpflanzung freier entscheiden; man stellt uns sogar in Aussicht, dass wir in Zukunft Eigenschaften unserer Kinder nach eigenem Wunsch werden bestimmen können. Wir verpflanzen Herzen und andere Organe; Hormone versprechen uns Verjüngung, längere Potenz oder allgemeine Lebensverlängerung. Wir sind in den Weltraum vorgestoßen und in die Mikrowelt der Genetik und Moleküle. Gerade die moderne Gentechnik hat uns der Manipulierbarkeit des Lebens ein beängstigendes Stück näher gebracht.

Das Problem ist nicht mehr die Natur, sondern die explodierende Informationsfülle über sie, die es gerade den Älteren erschwert, sich ein Bild zu machen. Als Laien sind wir ratlos und überfordert. Wir können gar nicht mehr alle Konsequenzen moderner Forschung überblicken, was sich etwa in der Frage der Embryonen- und Stammzellforschung zeigt. Wo wird das Klonen Halt machen? Wir leben in einer tabulosen Gesellschaft, alles, was machbar ist, wird auch versucht. Alles weicht dem scheinbar unabänderlichen Druck zur Verwirtschaftlichung unseres Lebens. Aber das Problem wird zunehmend diskutiert.

In einem Werkstattgespräch der Firma McKinsey im Jahre 2003 wurde festgestellt, dass allgemein ein gravierender Mangel an umsetzbarer Ethik herrscht. So gibt es keine globalen Instrumente oder nur gemeinsame ethische Ideale und Prinzipien, die zu einem globalen, verbindlichen ethischen Handeln befähigen. Was uns fehlt, ist ethische Phantasie und Wachsamkeit zu schulen. Auch hier dürften die „Alten“ aufgrund ihrer Lebenserfahrung einiges beizutragen haben, wenn, *ja* wenn sie mehr Gehör fänden. Aber die Alten gewinnen – einfach durch ihre wachsende Zahl – an Gewicht gegenüber einer schnelllebigen, leichtsinnigen und auf vordergründige Erfolge gedrillten Welt.

Wie immer, wenn durch die Technik oder die Naturwissenschaft in der physischen Welt etwas erreicht worden ist, hinken zunächst die Reaktionen der Seele darauf nach, und die Wissenschaft interessiert sich für die psychischen Erfahrungen nur wenig. Die ersten großen, berühmten Herztransplantationen lösten geradezu eine Massenhysterie aus, weil sie ein Stück Unsterblichkeit zu versprechen schienen. Wie sich ein Mensch mit dem neuen Herzen erlebt, wird allerdings erst seit kurzem erforscht. Wir wissen von kosmetischen Operationen, die ein Gesicht um Jahre verjüngen, einen Busen nach Wunsch formen. Aber dadurch kann es zu einer seltsamen Spaltung kommen: Oft ergibt sich der makabre Eindruck eines jugendlichen Gesichts auf einem alternden Körper. Wie erlebt sich ein Mensch mit solchen Widersprüchen? Vor dem Erfolg der geglückten, sichtbaren Veränderung im Körperlichen fragt man gar nicht nach dem Innen. Ändert sich unser Altersbewusstsein, nur weil der Körper künstlich jugendlich gehalten wird? Darüber fehlen uns noch Berichte und Erfahrungen, ja man bekommt den Eindruck, als interessiere das auch gar nicht, als sei das ganz unwesentlich. Wichtig scheint heute allein zu sein, um jeden Preis weiterzuleben, länger zu leben (was zumindest für die Vermögenden in gewissen Grenzen möglich geworden ist) – nach dem Wie und dem Sinn des so verlängerten Lebens wird nicht gefragt, und die sonst so eindringlich vorgebrachte Sorge wegen der Übervölkerung der Erde und der Überalterung in westlichen Industriegesellschaften ist auf einmal vergessen. Paradoxe Welt, die gleichzeitig auf der einen Seite gerade das tut, was sie auf der anderen Seite verhindern zu müssen eingesehen hat.

Die Frage bleibt offen, ob durch solche Maßnahmen vielleicht biologische Rhythmen verschoben oder verfälscht werden, die möglicherweise gerade für Reifungsprozesse und für das Altern wichtig sind. Wir wissen es nicht. Es bleibt abzuwarten, wie wir die durch Technik und Wissenschaft möglich gewordenen Eingriffe in unseren „normalen" Lebensablauf verarbeiten.

Jedenfalls wird durch diese Entwicklungen auch der alternde Mensch vor neue Fragen und Entscheidungen gestellt: Soll er versuchen, sich all dieser Mittel zu bedienen, und sich „verjüngen" lassen, oder soll er weiterhin den biologischen Ablauf seines Lebens bejahen ohne korrigierende Einflüsse, das Altern annehmen und es möglichst sinnvoll gestalten? Allein schon eine solche gewählte Ausrichtung wird verschiedene Folgen haben. Es ist etwas anderes, alles Interesse darauf zu richten, wie man jung bleiben und ein möglichst langes Leben genießen kann, oder darauf, wie man den Rest seines Lebens gestalten möchte. Der Januskopf aller Freiheit der Entscheidung wird hier besonders deutlich.

Es muss natürlich jeder mit sich selbst abmachen, wie er sich zum Alter einstellt. Patentlösungen gibt es nicht, jeder muss Probleme mit dem Altern auf seine eigene Weise lösen, wie auch jeder seinen eigenen Tod sterben muss. Es gibt vielerlei Leitbilder für das Alter, und jeder muss das ihm gemäße finden. Mögen andere andere Vorstellungen haben, wichtig ist, dass man seine eigenen hat, und das möglichst nicht erst im letzten Augenblick. Die menschlichen Schicksale und Veranlagungen sind so verschieden, dass es keine Universalantwort, auch nicht für das Altern, geben kann.

Und ebenso verhält es sich mit dem Tod und dem, was man sich über das „Danach" vorstellt. Wer an das Jüngste Gericht glaubt, an ein Fortleben nach dem Tod, an Himmel und Hölle, an das Paradies, das Nirwana, an die Wiedergeburt oder die Seelenwanderung oder was es sonst noch an Vorstellungen gab und gibt – wichtig scheint allein zu sein, dass ein solcher Glaube uns trägt und uns menschlicher macht. Glaube lässt sich weder beweisen noch widerlegen. Die nur psychologische oder naturwissenschaftliche Deutung solcher Vorstellungen ist nicht ausreichend. Es ist natürlich sehr leicht, sie mit einem „nichts als" wegzuironisieren: Sie sind dann „nichts als" infantile Wunschvorstellungen, „nichts als" die Verleugnung der Realität (welcher?). Und doch wird der Mensch nicht zu fragen aufhören, und das Bedürfnis nach Sinngebung seines Lebens gehört zu ihm, auch wenn der „Sinn" kein wissenschaftlicher Begriff ist.

Man kann natürlich auch die Ablehnung solcher Vorstellungen psychologisch „deuten", etwa als Abwehr des Irrationalen, mit dem Verstand nicht Erfassbaren, oder als Enttäuschungsprophylaxe und Resignation, als Befangenheit im Naturwissenschaftlichen etc. C. G. Jung sagt dazu in seinem Buch „Erinnerungen, Träume, Gedanken“: „Während der Leugnende dem Nichts entgegengeht, folgt der dem Archetypus Verpflichtete den Spuren des Lebens bis zum Tode. Beide sind zwar im Ungewissen, der eine aber gegen seinen Instinkt, der andere mit ihm, was einen beträchtlichen Unterschied und Vorteil zugunsten des Letzteren bedeutet.“ Wer hat „Recht“? Wir wissen es nicht, und der Eifer, mit dem die verschiedenen Vorstellungen vertreten oder bekämpft werden, lässt sich auf die zwei Grundformeln zurückführen: „Es soll unbedingt so sein“ oder „Es darf keinesfalls so sein“. In beiden Fällen stehen emotionale Einstellungen dahinter, kein Wissen, keine Erfahrung, und es ist nicht zu beweisen, welche Auffassung der „Wahrheit“ näher kommt.

Das Jenseits als gleichsam postmortale Wiedergutmachung im Sinne einer Kompensation hat sicher für alle einen Reiz, die im Leben, aus welchen Gründen auch immer, zu kurz gekommen sind oder sich so vorkommen und nun einen Ausgleich im Jenseits erwarten. Vielleicht ist früher für viele ihr Leben dadurch überhaupt erst erträglich gewesen, weil es menschenunwürdigen Bedingungen unterworfen war und eine Veränderung nicht in ihrer Macht lag. Es sind aber nicht nur die vom Leben Enttäuschten, die Unterdrückten, die „Erniedrigten und Beleidigten“, welche die Frage des Todes und dessen, was mit der Seele dabei geschieht, beschäftigt. Und die eine Wiedergutmachung erwarten, tun das nicht nur aus infantilen Wunschvorstellungen, sondern deshalb, weil diese Fragen sie echt interessieren: Was geschieht mit der Seele nach dem Tode, was ist der Geist, was ist dieses merkwürdige Phänomen Leben, was „verlässt“ den Körper im Tod, der daraufhin erstarrt? Fragen, die die Menschheit schon immer beschäftigt haben und zu deren Beantwortung wir wohl eine andere Bewusstseinsstufe erreicht haben müssten. Die naturwissenschaftlichen „Beweise“, dass der Tod als Zerfall der Materie das absolute Ende sei, dass Seele und Geist nicht nachweisbar seien und so fort, bieten nicht für jeden befriedigende Antworten. Vielleicht ist die Sehnsucht nach der Transzendenz einer unserer höchsten Werte, und vielleicht wüssten wir mehr über unsere Fähigkeit dazu, wenn wir auf sie so viel Mühe und Interesse verwendeten, wie wir sie auf andere Dinge verwenden.

Die großen Religionen fassen den Tod auf verschiedene Weise auf, unter dem Aspekt einer Wiederverkörperung – wobei die Wiederverkörperung im Zusammenhang mit dem gelebten Leben steht und man sich eine irdische Wiedergeburt ersparen kann durch ein entsprechend gelebtes Leben – oder unter der Vorstellung von Himmel und Hölle, des Jüngsten Gerichts – die Idee von Belohnung oder Strafe ist in den meisten Vorstellungen des Nach-dem-Tode in irgendeiner Form zu finden. Solange der Mensch nicht aus sich heraus menschlicher sein kann, braucht er wohl solche Vorstellungen, was indessen nicht besagt, dass sie nur so zu erklären seien. Die Angst vor Strafe ist eine regulierende Kraft, und bei der Ungerechtigkeit der Welt, der ungleichen Verteilung von Liebe, Macht, Glück, Besitz und Begabungen liegt es für viele nahe, an einen Ausgleich zu glauben, um ihr Leben nicht für sinnlos zu halten.

Wie stark die Vorstellungen des Nach-dem-Tode unser Leben beeinflussen können, zeigt sich in erschreckender Weise gegenwärtig im Terrorismus mit seinen Selbstmordattentaten. Verbindet sich archetypische Opferbereitschaft mit verblendeten elitären und grandiosen Vorstellungen, für eine große Sache zu sterben, dann finden sich genügend Freiwillige, dies zu tun. Vor allem wenn verheißen wird, dass nach vollbrachter Tat im Jenseits paradiesische Belohnungen auf sie warten.

Abgesehen von Extrementwicklungen: Ob und wie wir ohne die Vorstellungen von überpersönlichen Zielsetzungen leben können, bleibt grundsätzlich eine offene Frage. Eines lässt sich aber wohl mit Bestimmtheit sagen: Es ist heute viel mehr von dem in unsere eigenen Hände gelegt, damit aber auch in unsere eigene Verantwortung, was man früher als Schicksal angesehen hat. Passives Hinnehmen des Schicksals ist der heutigen dynamischen Zeit fremd. Und das wird sich auch auf die Einstellung zum Alter auswirken, das wir durch vernünftige Vorbereitung und Gestaltung zu einem Lebensabschnitt machen wollen, der durchaus noch Gestaltungsmöglichkeiten enthält, neben dem Hinzunehmenden, das immer auch dazugehören wird.

Altern als Lebenskrise

Für viele Menschen wird das Alter, schon das Altern, zu einer ausgesprochenen Lebenskrise. Das Ausfallen oder Ergrauen der Haare etwa wird wie ein schwerer Schock erlebt, um nur ein Beispiel zu nennen. Dagegen gibt es zwar kosmetische Hilfen, die aber die Krise nicht beseitigen. Krise bedeutet zunächst nur, dass man sich in einer Situation befindet, in der bisher gewohnte Verhaltensweisen oder Einstellungen nicht mehr tragen. Sie enthält daher immer einen Doppelaspekt: die Chance, sich umzustellen, neu zu orientieren, oder die Gefahr, das bisher Gewohnte unverändert beibehalten zu wollen, es festzuhalten. Die Umstellung ermöglicht eine Wandlung, das Festhalten kann die Basis zu einer Panik abgeben.

Aber auch aus anderen Gründen kann das bewusst werdende Alter zu einer Krise führen. Sie ist oft ein Anzeichen dafür, dass in unserem Leben etwas nicht „stimmte", dass wir falsch eingestellt waren zu uns selbst oder zum Leben und an Wesentlichem vorbeilebten. Mit dem aufkommenden Bewusstsein der dahinschwindenden Zeit packt manchen dann die Angst, die wir so formulieren können: Soll das alles gewesen sein? War das, was ich bisher gelebt habe, der Sinn meines Lebens? Eine solche Bilanz kann den Anstoß zu einer fruchtbaren Krise geben, zu einer Besinnung, die manchmal zu entscheidenden Umstellungen führt. Sie kann aber ebenso dazu führen, die aufkommende Angst zu betäuben, und gar nicht selten kommt es dann zu irgendwelchen Formen der Süchtigkeit oder zu Panikreaktionen. Auch der Selbstmord ist in solchen Krisenzeiten nicht selten und Ausdruck tiefster Resignation.

In dieser Hinsicht sind vor allem Menschen gefährdet, die schon früh ungewöhnliche Erfolge hatten und, vom Leben verwöhnt, es nicht ertragen können, wenn sie nun wirklich oder vermeintlich darauf verzichten sollen. Ferner die Menschen, die ihren Erfolg zu einseitig ihrer Jugend, Schönheit und Anziehungskraft verdankten. Wenn nun diese Werte schwinden, kann es zu tiefer Verzweiflung, zu Depressionen bis zur Melancholie kommen, die man dann z. B. mit Alkohol zuzudecken versucht. Kliniken und Sanatorien zählen solche Menschen zu ihren Dauergästen.

Solche Schicksale hängen nicht nur mit dem gefürchteten Abstieg des Erfolges zusammen, sondern auch mit einer Grundeinstellung zum Leben, die man als Anspruchshaltung charakterisieren kann. Verwöhnt durch Erziehung oder durch frühe Erfolge, die einem vielleicht noch ohne große Eigenleistung zufielen, entwickelt man Ansprüche ans Leben, die einem ganz selbstverständlich erscheinen, und man ist dann enttäuscht und verbittert, wenn das Leben sie nicht mehr erfüllt. Anspruchshaltungen ans Leben, vor allem bei nicht entsprechendem eigenem Einsatz, führen mit großer Wahrscheinlichkeit um die und nach der Lebensmitte zu einer Krise. Sie sind aber auch Ausdruck einer ungenügenden Vorbereitung aufs Alter. Vielleicht haben solche Menschen ganz Recht, dann nicht mehr leben zu wollen. Sie waren auf Gipfeln des Lebens, und da sie ans Dasein fast ausschließlich Erwartungen haben und diese nun aufgeben müssten, hat ihnen das Leben tatsächlich nichts mehr „zu bieten“. Sicher sind echte Wandlungen hier erschwert, weil sie eine völlige Umstellung erforderten, für die man in der Zeit vorher nichts vorbereitet hat.

Der gegenteilige Grund zu Krisen liegt in einem bisher unbefriedigt gebliebenen Leben. Unbefriedigende Partnerschaften, ein ungeliebter oder unbefriedigender Beruf, ein Vorbeileben am eigenen Leben, an der eigenen Bestimmung können die Ursache dafür sein. Aus mangelndem Mut zur Veränderung, aus Trägheit und Gewohnheit, aus konventionellen Rücksichten, aus Unaufrichtigkeit sich selbst gegenüber leben viele ein Leben, das nicht ihr eigentliches ist, ohne es sich vielleicht einzugestehen. Das trägt dann nach der Lebensmitte oft nicht mehr.

Es ist leider eine Realität, dass die Zivilisation von vielen Menschen Tätigkeiten fordert, die bestenfalls ein Job sind, mit denen sie ihren Lebensunterhalt verdienen, die sie aber nicht mit Lust und Liebe ausüben können, weil diese Möglichkeit in der Tätigkeit einfach nicht enthalten ist. Das ist der Unterschied zwischen Beruf und Job.

Um die Lebensmitte wird das manchen Menschen besonders bedrückend. Ihre Tätigkeit langweilt sie, es sind keine Entwicklungsmöglichkeiten in ihr, und man erlebt mit Schrecken, dass das nie anders sein wird. Ist man innerlich noch lebendig geblieben, kommt es manchmal zu Umstellungen und Neuorientierungen, die dann erstaunlich beflügeln können. Sonst droht die Gefahr der Verbitterung und Resignation, oder man sucht sich nun auf andere Weise Befriedigung zu holen. Eine echte Hilfe kann hier eine berufliche Neuorientierung, eine soziale Aufgabe, ein Hobby oder eine Liebhaberei sein – schon etwas „lieb haben" zu können ist ein Schutz gegen Resignation und Verbitterung.

Um die Lebensmitte häufen sich auch Partnerschaftskrisen – jeder Psychotherapeut und Eheberater weiß davon. Wenn es sich nicht um die schon erwähnte Torschlusspanik handelt mit der dann aufkommenden Lebensgier, die einen dazu treibt, Versäumtes nachzuholen, Neues, noch nicht Erlebtes erleben zu wollen, hängen diese Krisen oft damit zusammen, dass die bisherige Partnerschaft letztlich unerfüllt war und vielleicht nur aus konventionellen oder pragmatischen Gründen beibehalten wurde. Es ist wirklich oder scheinbar keine Entwicklung mehr in ihr, man hat sich nichts mehr zu sagen oder hat sich auseinander gelebt, und die Vorstellung, dass das nun bis zum Lebensende so weitergehen soll, hat etwas tief Deprimierendes. Oft werden solche Ehen noch durch die Kinder zusammengehalten. Fällt auch das fort, scheint der letzte Sinn der Partnerschaft verloren zu sein, und die bisher verdeckte Unzufriedenheit steigert sich zur offenen Krise. Manchen mag dann ein gemeinsamer Neuanfang gelingen, vielleicht mit Hilfe einer Eheberatung oder durch psychotherapeutischen Beistand. Manche kommen bei einem Partnerwechsel vom Regen in die Traufe, weil das Problem nicht in ihrer Ehe lag, wie sie meinten, sondern bei ihnen selbst, etwa in einem Mangel an Liebesfähigkeit, in Illusionen über sich selbst, einen möglichen Partner oder das Leben überhaupt. Manchen gelingt es aber auch, sich an der Schwelle zum Alter wirklich ein neues Leben aufzubauen.

Erotik und Sexualität in der zweiten Lebenshälfte

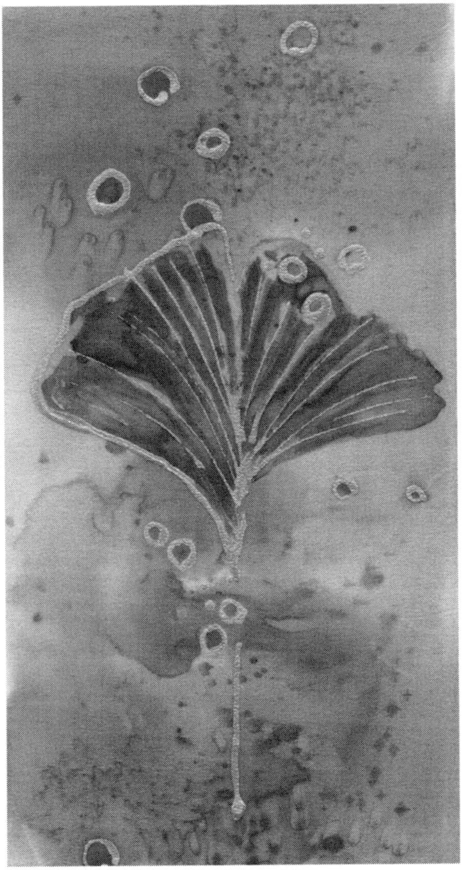

Wie sieht es mit der Erotik und Sexualität in der zweiten Lebenshälfte und im Alter aus? Die erste Antwort, die wir geben können, lautet ganz schlicht: sehr verschieden, genauso verschieden, wie alle bisher besprochenen Aspekte des Alters verschieden aussehen und gelebt werden können. Das zu betonen ist wichtig, weil die Neigung besteht, hier Faustregeln zu erwarten oder zu geben und damit Verallgemeinerungen, die der Buntheit des Lebens Gewalt antun, oder ideologische Forderungen aufzustellen, die der Realität des Menschen nicht gerecht werden. So gibt es genügend Paare, die bis ins hohe Alter ein beglückendes Liebesleben haben. Es gibt wiederum auch Menschen, denen es kein besonderes Problem ist, wenn der Sexualtrieb nachlässt, die es sogar als eine gewisse Erleichterung erleben, nicht mehr so unter der Forderung des Triebes zu stehen. Es gibt andere, bei denen der Triebanspruch praktisch bis ins hohe Alter kaum nachlässt, was durchaus ein Danaergeschenk sein kann, wenn auch die meisten Menschen es sich wünschen. Es gibt wieder andere, die unter dem Nachlassen des Triebes intensiv leiden, weil sie dadurch die ihnen wesentlichste Lustquelle zu verlieren fürchten. Und schließlich gibt es Menschen, die im Alter regredieren auf – wie die Psychoanalyse es nennt – prägenitale Formen der Triebbefriedigung, also auf Befriedigungsformen, die in unserer sexuellen Entwicklung vor der erreichten Geschlechtsreife eine Rolle spielten. Hierzu zählen so genannte „orale Befriedigungsformen“, etwa vermehrte Essenslust, Alkoholmissbrauch oder Kaufsucht.

Das zeigt, dass es für das sexuelle Verhalten im Alter keine allgemein gültigen Regeln gibt. Wichtiger scheint es mir daher, weit verbreitete Vorurteile kritisch zu betrachten. So haben manche die Vorstellung, dass das Bedürfnis nach sexueller Aktivität im Alter allgemein nachlässt. Wenn dies insbesondere von Frauen berichtet wird, können sie wenig Bereitschaft zeigen, auf die Ansprüche des Mannes einzugehen, oder sie tun es gleichgültig, lassen es einfach mit sich geschehen, und das kann zu Krisen führen. Wer in seinem Bedürfnis nach Sexualität und/oder Zärtlichkeit enttäuscht wird, sucht möglicherweise anderswo, was er in seiner Paarbeziehung nicht mehr bekommt.

Neuere Studien (etwa die internationale „MSAM-Studie“ im Jahre 2001) belegen ein Auseinanderklaffen zwischen der sich immer noch haltenden offiziell-kollektiven Meinung, wonach das sexuelle Interesse im Alter abnimmt, und der gelebten Wirklichkeit, in der das Interesse und die Bedürfnisse nach Sexualität im Alter keineswegs verloren gehen. Im Gegenteil, stellen sie für einen Großteil der männlichen und auch überwiegenden Teil der weiblichen Bevölkerung ein unverzichtbares Bedürfnis dar, wobei es interessant ist, dass Frauen Nähe und Gemeinsamkeit stärker in den Vordergrund stellen als Männer. Besonders wichtig erscheint bei Frauen im höheren Lebensalter das Erleben und Vermitteln von Zärtlichkeit, auch unabhängig von Geschlechtsverkehr. Frei von Zwängen, sich etwa um Verhütung kümmern zu müssen oder anderen Alltagsverpflichtungen wie der Kindererziehung Priorität einräumen zu müssen, haben die Frauen oft mehr Zeit und genießen die wieder möglich gewordene Spontaneität, ihre Gefühlsbedürfnisse auszuleben, was sogar zu einem vertieften Sexualleben führen kann. Viele Frauen scheinen mit zunehmendem Alter auch eher persönliche sexuelle Bedürfnisse äußern zu können als in jüngeren Jahren, sofern sie sicher sein können, dass der Partner sie weiterhin attraktiv findet. Auch können auf einer Basis des wachsenden Selbstvertrauens sogar neue sexuelle Verhaltensweisen, z. B. sexuelle Zärtlichkeit ohne Geschlechtsverkehr, von Seiten der Frau entdeckt werden und zur Belebung des gemeinsamen Sexuallebens beitragen. Altern ist nicht nur ein Vorgang, sondern auch eine Aufgabe, und gemeinsam zu altern ist auch eine Aufgabe. Zu keiner anderen Zeit bewährt sich eine Partnerschaft mehr. Die Liebe ist weniger rauschhaft und sinnenhaft geworden. Beruhte die Partnerschaft bisher vorwiegend auf sexueller Anziehung, kann jetzt das Wesentliche mehr im Seelischen, im geistigen Austausch und in gemeinsam verbrachter Zeit liegen. Zärtlichkeit, Innigkeit, tiefe Vertrautheit und eine neue Art der Gemeinsamkeit können nun wachsen und größere Bedeutung bekommen. Als Regel kann unverändert gelten: Wem die Sexualität schon früher wichtig war, für den wird sie es im Alter auch bleiben.

Da Frauen im Durchschnitt eine höhere Lebenserwartung haben als Männer, ist für sie sexuelle Aktivität im Alter – wenn man einmal von der Möglichkeit der Selbstbefriedigung absieht – auch stark an die „Verfügbarkeit" eines Partners gebunden. Viele ältere Frauen leben allein und haben es deshalb schwerer, ihren sexuellen Bedürfnissen nachzukommen (von Sydow 2004).

Wie schon angedeutet, ist die Rolle der Sexualität im Alter bei den Menschen sehr verschieden. Was wir dafür tun können, uns füreinander anziehend zu erhalten, beginnt mit der äußeren Pflege. Sich körperlich zu vernachlässigen und gehen zu lassen ist besonders gefährlich – nicht nur, weil es den Eindruck der körperlichen Veränderungen im Alter verstärkt, sondern auch, weil solches Sich-gehen-Lassen Ausdruck einer resignierten Haltung ist, eines Sich-nicht-mehr-Bemühens, als lohne es nicht mehr. Diese Haltung des resignierenden Sichaufgebens hat aber nun auch wieder seelische Rückwirkungen. Und abgesehen davon ist sie eine Rücksichtslosigkeit dem Partner gegenüber. Diese Haltung ist oft der Anfang einer Regression in frühkindliche Verhaltensweisen, in die man sich nicht ungestraft fallen lässt. Man wird dann tatsächlich wieder zum Kind, auch seelisch, und nichts ist doch peinlicher und mehr gegen den Sinn des Alters gerichtet als der Rückfall ins Infantile, durch den alte Menschen kindisch werden, läppisch und ohne

Würde. Abgesehen von hirnorganischen Prozessen, die eine solche Entwicklung verursachen können und denen wir immer noch weitgehend ausgeliefert sind, sind wir für die Würde oder Würdelosigkeit unseres Alters durchaus verantwortlich.

Frühe Triebstrebungen können im Alter überwertig werden: Manche Menschen entwickeln, in verblüffender Analogie zu kindlichen Frühphasen, die für jene typischen Verhaltensweisen. Nach der Geburt melden sich beim Kleinstkind Urbedürfnisse nach Hautkontakt, nach Nähe, Wärme und Geborgenheit und es setzen vielfältige feine Interaktionen zwischen Mutter und Kind ein, die zeigen, dass der Säugling schon früh eine kleine von der Mutter abgegrenzte Persönlichkeit ist. Von der Triebseite her gesehen dominiert beim Säugling der Selbsterhaltungstrieb, wobei der Nahrungsaufnahme die wichtigste Funktion zukommt. Danach, etwa mit 1,5 bis 3 Jahren, kommt eine Phase, in welcher die Ausscheidungsvorgänge und damit zusammenhängend das Festhalten oder Hergeben die zentrale Rolle spielen. Ihr folgt fast gleichzeitig die Phase der Entfaltung der Motorik und aggressiver Impulse. Schließlich kommt es zwischen dem 4. und 6. Lebensjahr zu den Vorformen der Sexualität, was einerseits das Erlernen geschlechtsspezifischer Verhaltensweisen, andererseits das Erwachen des sexuellen Forschungsdranges bedeutet.

Je mehr ein Mensch triebbetont gelebt hat, umso mehr kann der zurücktretende oder nicht mehr zu erfüllende Sexualtrieb sich gleichsam verlagern auf diese früheren Triebstrebungen, was manchmal in der Umkehr der ursprünglichen Reihenfolge vor sich geht. Wenn etwa mit zurücktretender Potenz dennoch das sexuelle Begehren bestehen bleibt, kann es zur Wiederbelebung der sexuellen Neugier kommen. Lüsternes Beobachtenwollen von sexuellen Vorgängen, Schau- und Zeigelust, die Komponenten des Sexualstrebens sind, können sich aus ihm wieder herauslösen, infantile Formen des Betastens usw. (oft kleiner Kinder, weil Erwachsene dafür nicht verfügbar sind) können auftreten, kurz, der Mensch verhält sich dann im Triebhaften wie ein vier- bis sechsjähriges Kind, nur mit dem Unterschied, dass er nicht mehr kann, was das Kind dieses Alters noch nicht konnte: volle partnerschaftliche Geschlechtlichkeit vollziehen.

Der lüsterne alte Mann ist häufig in Darstellungen der Susanna im Bade zu finden. Die bösen Alten, die „giftig", quengelnd, nörgelnd und unzufrieden ihre Umwelt quälen, sind aus dem Alltag bekannt genug. Bei ihnen kommt es zur Betonung aggressiv-destruktiver Züge. Meist besteht bei ihnen ein Ressentiment, ein Lebensneid allen Jüngeren gegenüber, und man hat oft den Eindruck, dass alle noch verfügbare Lebensenergie sich bei ihnen in Hass und Bosheit ausdrückt.

Mit abnehmender mitmenschlicher Bezogenheit und eigener Vitalität kommt es häufig auch dazu, dass der Besitz einen Überwert erhält. Sammeln und festhalten und nichts hergeben wollen bis zum Geiz – das ist dann zu beobachten, und oft werden, wie beim Kleinkind, die Ausscheidungsfunktionen wieder mit lustvollem Interesse besetzt. Die Verdauung wird laufend kontrolliert bis zur Stuhlhypochondrie, die Neigung zum Sich-gehen-Lassen in der Körperpflege bis zum Einnässen und Einkoten kann auftreten. Manche fallen zurück auf frühe Trotzhaltungen wie beim Kind im zweiten Lebensjahr, werden eigensinnig, uneinsichtig und starrköpfig.

In weiterer Analogie zum Kleinkind kann auch die Nahrungsaufnahme wieder das wichtigste Erleben werden. Es besteht dann oft kaum noch Interesse für anderes. Was und wie man gegessen hat, was einem bekommt und was nicht, ist Hauptgesprächsthema, und nicht selten wird eine Altersgier und Gefräßigkeit entwickelt, als ob man Angst hätte, zu kurz zu kommen, oder als sei Essen das einzig noch Wichtige.

Und schließlich regredieren manche Menschen auf die Stufe völlig egozentrischer Abgekapseltheit, ziehen sich ganz auf sich zurück, ohne Kontakt nach außen. Das Interesse gilt nur noch ihnen selbst, vergleichbar dem Kleinstkind vor der Aufnahme reiferer menschlicher Bindung. Niemanden liebend, wird man selbst weniger liebenswert und vereinsamt damit immer mehr. Wieder ist die reine Selbsterhaltung nun das Wichtigste, und man hat oft den Eindruck, als würde mitmenschlicher Kontakt als Schwächung der verbliebenen Vitalität erlebt und daher vermieden.

All diese Erscheinungen treten am ehesten auf, wenn dem Alternden keine Sublimierungsmöglichkeiten verfügbar sind, und das ist wieder am ehesten der Fall, wenn man sich auf das Alter nicht vorbereitet oder überhaupt zu ausschließlich nach dem „Lustprinzip“ gelebt hat.

Es ist wohl eine Lebenskunst, im Alter Sexualität so weit „loszulassen“, dass man sie nicht krampfhaft in der früheren Intensität aufrechtzuerhalten sucht. Vor allem Männern, die ihre Männlichkeit hauptsächlich über sexuelle Potenz definiert haben, fällt dies schwer. Die potenzsteigernden oder -verlängernden (bzw. -versprechenden) Mittel hätten nicht solchen Absatz, wenn dem nicht so wäre, und das Nachlassen der Potenz bedeutet für viele Männer das Schlimmste, was ihnen passieren kann. In unserer westlichen Kultur besteht allgemein mehr die Tendenz, darauf stolz zu sein, wenn wir als alternder Mensch etwas „noch“ können, auf welchem Gebiet auch immer. Allein schon dadurch stellen wir uns in bestimmter Weise ein: Wir erleben es dann überwertig, wenn wir etwas nicht mehr können. Wenn aber triebhaftes Begehren in jedem Sinne – sexuelles, Macht- und Geltungsstreben, Ehrgeiz, Erwerbs- und Genusstrieb – allmählich stiller und unaufdringlicher wird, kann der so nicht mehr getriebene Mensch seelisch-geistige Entwicklungen erleben, die durchaus ein Äquivalent für das sein können, was sie auf der anderen Seite aufgaben. Beschauliches Betrachten von Mensch und Welt braucht nicht zur Idylle zu werden, sondern kann zur Verinnerlichung und zu neuer Schau führen, da man auch nicht mehr so in den Alltag einbezogen ist. Wir können dann vieles aus größerer Distanz und sine ira et studio (ohne Zorn und Eifer) betrachten, auch uns selbst.

Gerade auch für das sexuelle Begehren kann das gelten. Zärtlichkeit und Innigkeit können einen größeren Raum einnehmen im Rahmen einer Sinnlichkeit, welcher der weniger stürmisch zum Orgasmus drängende Trieb mehr Möglichkeiten der Entfaltung lässt. Vielleicht kann man es auch so ausdrücken, dass nun das beiden Geschlechtern Gemeinsame, eben das Menschliche, eine größere Bedeutung bekommt. Viele Beispiele zeigen zwar, wie sich Partner im Alter auseinander gelebt haben, aber es gibt doch auch das Gegenteil: eine Zartheit und Vertrautheit unter zweien, die erst im Alter so möglich wurden.

Manche fühlen sich allerdings im Alter zu weitaus jüngeren Partnern hingezogen. Zwar ist in unserer Zeit sich wandelnder Konventionen ein größerer Altersunterschied zwischen den Partnern nichts Auffälliges mehr; es ist aber doch immer wieder zu beobachten, dass eine jüngere Frau zu haben für einen Mann auch zum Statussymbol werden kann. Der Mann erscheint dann umso bedeutender (an Potenz, an Macht, an der Fähigkeit, attraktive Frauen zu haben), je größer der Altersunterschied zu seinen Partnerinnen ist. Es bleibt auch von psychologischem Interesse, wenn auf der Basis von projizierten idealisierenden Rollenerwartungen (der „Persona“) an den Partner bei anhaltender Beziehung dieser nicht nur die „ewige Jugend“ oder die Weisheit eines „gütigen Vaters“ verkörpert, sondern daneben höchst menschliche, unvollkommene Züge trägt. Ein böses Erwachen kann die Folge sein. Tiefere Enttäuschungen, Verletzungen bis hin zu Depressionen sind dann unausweichlich.

Die Illusion, sich in der Liebe oder auch nur in der sexuellen Beziehung zu einem jungen Mädchen selbst zu verjüngen, spielt dabei eine Rolle. Bleibt es bei diesem Motiv, wird diese Beziehung keine Vertiefung erlangen. Aber darüber hinaus hat Jugend für das Alter an sich etwas Faszinierendes. Man wird an die eigene Jugend erinnert und möchte an einer jungen Partnerin Vergangenes noch einmal erleben, vielleicht, wie man meint, mit mehr Verständnis, Wissen und Erfahrung.

Nun ist es aber etwas anderes, ob man mit leiser Wehmut das Schöne bewundert, oder ob man mit Bitterkeit und Ressentiment reagiert, weil man es nicht mehr für sich haben kann. Von Max Liebermann wird die Anekdote erzählt, dass er, etwa achtzigjährig, mit einem gleichaltrigen Freund in Berlin auf dem Kurfürstendamm spazieren ging. Als ihnen ein blutjunges und bildhübsches Mädchen begegnete, drehten beide Herren sich wie fasziniert nach ihm um, und Liebermann soll gesagt haben: „Siebzig müsste man noch einmal sein!“ Das klingt nach humorvoller Souveränität und leiser Selbstironie.

Manche Männer schaffen das nicht; sie suchen immer neu, sich ihre Nochpotenz zu beweisen, gerade auch jungen Mädchen gegenüber. Auf der Basis von Vaterübertragungen kann so etwas eine Zeit lang gehen. Reife und Weisheit liegen wohl eher darin, Reizvolles zu sehen, ohne es haben zu müssen. Das sexuelle Wollen beim Mann ist oft langlebiger als das Können, und wenn man das Wollen nicht loslassen oder sublimieren kann, hat man Aussicht, zu leiden oder aber sich lächerlich zu machen.

Hierzu passt ein Typus Mann, dessen universelle Verbreitung zu der Bezeichnung des „puer aeternus“, des „ewigen Jünglings“, geführt hat und trefflich in dem gleichnamigen Buch von Marie Luise von Franz, einer Schülerin C. G. Jungs, sehr differenziert beschrieben wurde. Es ist der Typus des nicht alt werden könnenden Mannes, der stark muttergebunden geblieben ist und daher zu Frauen keine tieferen gefühlsmäßigen Bindungen eingeht, wobei Sexualität durchaus – oft als Kompensation zum eigenen emotionalen Mangel – sogar übermäßig gesucht werden kann. Dieser Männertypus klammert sich gerade im Alter, wenn die Sexualität etwas nachlässt und Nähe und Vertrautheit zunehmen könnten, besonders an die Sexualität, nicht nur der eitlen Selbstbestätigung und -bespiegelung willen, sondern weil er sich aus Gründen seiner erfahrenen und nie gelösten Mutterabhängigkeit nicht in neue, jetzt emotionale Abhängigkeiten bringen will. Das Ganze kann dann zu einem verkrampften zwanghaften Sexualritus in der Partnerschaft verkommen und damit zu einer Entfremdung vom eigenen natürlichen Altersprozess führen.

Die langjährigen Partnerinnen sind bei alldem meist die Leidtragenden, vor allem, wenn sich auch noch die Seitensprünge ihrer „jung gebliebenen" Männer häufen. Manche Frauen nehmen es gelassen und humorvoll hin und lassen dem Mann seine Freiheit, ohne zu verbittern, am leichtesten, wenn die Beziehung zwischen ihnen sonst gut ist und dabei gut bleibt. Manche Frauen sind sogar nicht einmal unzufrieden damit und fühlen sich entlastet. Andere machen Szenen oder reagieren mit Depression oder mit Hass, erpressen den Mann mit Selbstmorddrohungen oder verhalten sich aus Verlustangst unreif und machen die Situation dadurch nur noch schlimmer.

Weniger beachtet, aber ebenso real sind Eifersuchtsreaktionen, Konkurrenzgefühle und Verlassenheitsängste alternder Männer, z. T. bereits bei nichtigen Anlässen und nicht nur, wenn ihre Partnerin soziale Kontakte zu anderen – vielleicht jüngeren und vitaleren Männern – pflegt. Seltener suchen sich ältere Frauen einen jüngeren Sexualpartner; die Mehrheit der Frauen entspricht damit der gesellschaftlichen Norm, die solche Verbindungen negativer bewertet als die sexuelle Beziehung eines älteren Mannes zu einer weitaus jüngeren Partnerin. Wo es aber vorkommt, ist die Motivlage ähnlich wie bei den Männern. Einen jungen Partner zu haben, kann neben der Hoffnung, dadurch sich selber zu verjüngen, auch zusätzlich eine gewisse Überlegenheit in der Beziehung sichern, einfach durch den Vorsprung an Lebenserfahrung. Aber Vorsicht ist geboten. Der seelische Absturz für die ältere Frau gerät umso tiefer, je mehr sich der jüngere Partner eines Tages desillusioniert zurückzieht, weil die Idealisierung abnimmt (er vielleicht auch keine Mutterfigur mehr sucht) und er immer mehr des körperlichen Alterungsprozesses seiner älteren Partnerin gewahr wird. Die Angst vor späterem Verlust des Partners und einhergehender eigener Beschämung scheint Frauen eher als Männer davon abzuhalten, solche Verbindungen überhaupt erst einzugehen.

In jedem Fall kommt es sowohl auf die Vorgeschichte der Partnerschaft an als auch darauf, als was man sie entworfen hatte. Wer eine Ehe als Sicherung und unter dem Aspekt des gegenseitigen Besitzes oder durch sie festgelegter Rechte gesehen und geschlossen hat, ist oft auf Krisen nicht vorbereitet und dann nur hilflos und enttäuscht.

Östliche Kulturen, die von der den Menschen quälenden Triebherrschaft freizukommen suchen, wissen mehr über Methoden, die dahin führen, und über die Freuden der Kontemplation und Meditation. Wir sind dagegen mehr geneigt, solche Haltungen als „Ersatz" und vielleicht als neurotisch anzusehen, wozu die Psychoanalyse ihren Teil beigetragen hat. Wenn nach Nietzsche jede Lust Ewigkeit will, so ist eben auch das eine unserer Leidensquellen, weil dies der Lust nicht beschieden ist. Was wir mit Lust *und* Liebe tun, hat schon mehr Aussicht auf Bestand und Dauer.

Vorbereitung aufs Alter

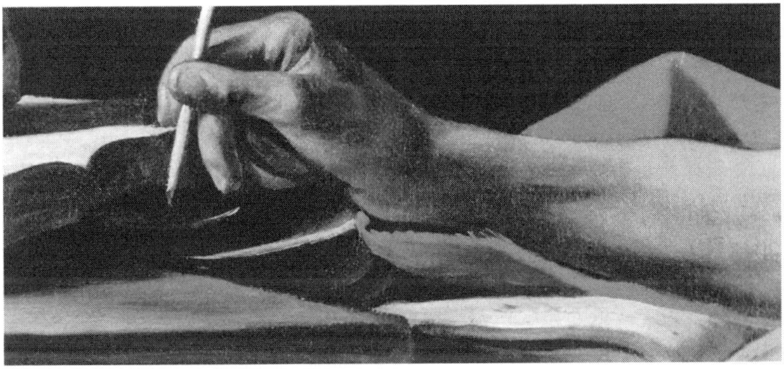

Wohnt dem Leben eine Entfaltungstendenz und ein Selbstverwirklichungsstreben inne, so ist auch das Alter ein Ziel. Es sollte kein statischer Zustand sein, der vielleicht darin gipfelt, dass man nur noch vergangenheitszugewandt lebt, vor allem besorgt, die Gesundheit zu erhalten, was in grotesker Form zum Selbstzweck und fast einzigen Lebensinhalt werden kann und die Basis für Hypochondrien abgibt, umso mehr, je mehr man auch sonst „konservierend" lebte. In solcher passiv-untätigen Haltung nehmen die Sorgen, das zu erhalten, was einem allmählich entgleitet, automatisch einen wachsenden Raum ein. Der Selbsterhaltungstrieb, wahrscheinlich der stärkste Trieb überhaupt, wird leicht überwertig, wenn man sonst nichts zu erhalten hat. Im Alter kann er sich daher in manchen Fällen verselbständigen; mit manchmal von außen schwer einfühlbarer Zähigkeit hängen alte Menschen oft am Leben, selbst wenn dieses Leben alles andere als lebenswert erscheint – das Leben ist dann noch das Einzige, was man hat.

Zu einem gravierenden Teil steigt im Alter aber auch das Suizidrisiko. Neuere Statistiken belegen, dass sich das höchste Selbstmordrisiko im hohen und höchsten Lebensalter finden lässt. Überwiegen im jüngeren und mittleren Lebensalter Beziehungskonflikte, so liegen im höheren Lebensalter offenbar die Gründe für den Selbstmord in der Vereinsamung. Mit der Einsamkeit tun sich die Männer besonders schwer, noch schwerer als die Frauen, die besser allein klarkommen und auch besser Hilfe suchen und finden. Ein weiterer wichtiger Grund für Suizide liegt auch in der Angst vor altersbedingter Abhängigkeit und Hilflosigkeit und schlechter Behandlung in Pflegeheimen, was auch ein Imageproblem der Heime darstellt.

Alles, was uns im Leben unvorbereitet trifft, trifft uns im Alter noch tiefer oder härter. Da wir in gewissen Grenzen die Fähigkeit der Voraussicht haben, können wir uns auf vieles vorbereiten, vor allem natürlich auf Geschehnisse, die wir aus Erfahrung erwarten können. Das Alter ist eine solche Erwartung, mit der wir rechnen müssen. Aber wie sieht es mit der Vorbereitung darauf aus? Am ehesten wollten wir in materieller Hinsicht etwas dafür tun. Aber gerade hier breiten sich gegenwärtig existenzielle Verunsicherung und Angst aus. Die Veränderungen in der „Alterspyramide" gemahnen uns, dass die alten sozialen Sicherungssysteme uns nicht mehr im Alter tragen werden. Eine verlässliche Vorsorge erscheint aber unsicherer denn je. Auch die eigene Gesundheitsfürsorge wird vor allem für sozial schwache Schichten in einer Zeit der leeren öffentlichen Kassen und der geforderten erhöhten Eigenleistungen immer schwerer zu bewerkstelligen. Vielleicht treiben wir zur Vorbeugung noch Ausgleichssport, wenden eine Diät an und achten auf unser Körpergewicht. All das hat seinen wichtigen Stellenwert. Aber damit ist im Allgemeinen die Vorbereitung aufs Alter mit allen gegenwärtigen Unwägbarkeiten erschöpft, und mit der eher unsicheren Lebensversicherung in der Tasche meinen wir, das Nötige getan zu haben.

Was heißt das überhaupt: Vorbereitung aufs Alter? Das lässt sich am besten an Beispielen von Menschen aufzeigen, die sich darauf nicht vorbereitet hatten.

Da ist eine Hausfrau und Mutter, die ganz in den täglichen Pflichten und Aufgaben für die Familie aufgeht und zu nichts anderem kommt. Wenigstens erlebt sie es so. Sie sieht nur den jeweiligen Tag mit den zu erfüllenden Forderungen, denen sie gewissenhaft nachkommt. Aber dann sind „plötzlich" die Kinder groß, sie verlassen das Haus. Der Ehemann ist tagsüber im Geschäft, im Büro oder sonst wo beschäftigt. Die kleine Wohnung ist rasch gesäubert und aufgeräumt, die nötigen Besorgungen sind gemacht. Und dann ist die Leere da. Die Hausfrau weiß nichts mit sich anzufangen. Sie ist gewohnt, gefordert zu werden, gestellte Aufgaben zu erfüllen; der Tagesablauf war so schön geordnet und vorgeschrieben, sie hatte ihr Programm, und alles ging wie am Schnürchen. Aber was soll sie nun tun, wo die Pflichten sich vermindert haben, viel freie Zeit vor ihr liegt und damit ein ganz neuer Zustand eingetreten ist?

Trifft uns das unvorbereitet, sind wir oft hilflos, und manche fallen in tiefe Depressionen. Die heutige Zeit bietet zwar viele Ausweichmöglichkeiten (Fernsehen, Kino etc.), aber das ist immer nur wieder ein passives Aufnehmen, ein Sich-unterhalten-Lassen ohne eigene Initiative und Aktivität und daher allein nicht befriedigend. Manchem mag das genügen, vielen genügt es nicht, und dann hört man oft jenes „Hätte ich doch“: Hätte ich doch früher etwas gelernt, hätte ich doch etwas, was mich ausfüllt, was mir Freude macht!

Hier liegt offenbar das Problem. Wir leben zu lange und zu ausschließlich in der Gegenwart, ohne an die Zukunft zu denken, und die kürzeste Formel für die Vorbereitung aufs Alter lautet darum: es rechtzeitig mit einbeziehen, dafür planen, um nicht eines Tages vor jener Hilflosigkeit und Leere zu stehen.

Aus der Überraschung durch das Alter pflegen sich noch andere und schwerer wiegende Probleme zu ergeben. Man kann dann seine Kinder nicht loslassen und für ihr eigenes Leben freigeben, weil man sie für sich selbst noch braucht, mag man sich das Festhalten noch so sehr umdeuten als Mutterliebe und Besorgtheit. Man verhält sich so, dass die Kinder Schuldgefühle bekommen (und bekommen sollen), wenn sie uns allein lassen. Man zeigt seine Hilflosigkeit oder Verzweiflung, man wird vielleicht sogar krank, um sie an sich zu fesseln, ihre Fürsorge zu erzwingen und so zu demonstrieren, dass man nicht allein gelassen werden kann. Auf solchem Boden spielen sich viele Familientragödien ab. Viele Söhne und Töchter werden so auf dem Altar elterlicher „Liebe“ geopfert. Sie gehen keine festen

Bindungen ein, wagen es nicht, ihr eigenes Leben zu führen, weil die ausgesprochenen Vorwürfe oder die unausgesprochenen Vorwurfshaltungen des Vaters oder der Mutter in ihnen derartige Schuldgefühle wecken, dass sie lieber auf ihr eigenes Leben verzichten. Sicher trifft das oft auch auf eine eigene Schwäche beim Kind, aber man kann es gar nicht hoch genug bewerten, wie stark die Erwartung von Dankbarkeit, die Verpflichtung zur Fürsorge sowie die Überzeugung, den Eltern etwas schuldig zu sein, auf Kinder wirken, vor allem, wenn diese Vorstellungen religiös unterbaut sind. Psychotherapeuten wissen aus ihrer Praxis wohl am meisten von Schicksalen, die daraus folgen.

Aber erzwungene Opfer haben eine Kehrseite: Unweigerlich muss das Kind dann – wenn auch vielleicht uneingestanden – auf den Tod des Elternteils warten, der es so bindet und verpflichtet durch den Hinweis, was man alles für das Kind getan habe, welche Opfer man gebracht habe (die das Kind doch gar nicht gefordert hatte). Die so empfundenen Todeswünsche gegen den Elternteil erwecken im Kind dann erhebliche Schuldgefühle, und um diese abzubüßen, bemüht es sich noch mehr um den Elternteil, wenn es nicht zu offenem Hass kommt. So ergibt sich ein tragisch-schauriger, sich steigernder Teufelskreis, der als unausweichlich erlebt wird, und letzte Rettung wird nicht selten in einer Krankheit oder Neurose gesucht.

So können Eltern, die sich nicht aufs Alter vorbereiteten, eine ungeheure Belastung für die Kinder werden. Die heutige Auflockerung familiärer Bindungen wird solche Schicksale vielleicht seltener werden lassen. Dass diese Auflockerung oft so brüsk und schroff erfolgte, ist sicher mit dadurch zu erklären, dass die alte Generation an ihren „Rechten“ den Kindern gegenüber so festhielt. Es gibt noch immer gar nicht wenige Eltern, die es als ganz selbstverständlich ansehen, dass die Kinder im Alter für sie zu sorgen hätten. Wo das durch Krankheit und Ähnliches nötig ist, liegen die Dinge natürlich anders, schicksalhafter – das wird im Allgemeinen auch von den Kindern verstanden, und sie nehmen es auf sich. Was hier gemeint ist, sind die vielen Situationen, wo die Eltern zu Kindern und die Kinder zu ihren Eltern werden durch die Neurose und Unreife der Eltern. Einzelkinder, womöglich noch aus geschiedenen Ehen oder mit verwitweten Elternteilen, haben es hier oft am schwersten. Wenn der betreffende Elternteil – man müsste hier sagen: endlich – gestorben ist, ist man selbst über der Lebensmitte und hat sein eigenes Leben nicht gelebt. Für vieles ist es dann zu spät, vieles lässt sich nicht nachholen, und solche Menschen verbittern dann, werden krank, oder sie leben am Rande der Gesellschaft als graue Gestalten dahin, die dazu noch Mitleid oder Spott herausfordern und denen man aus dem Wege geht, weil man das Unbefriedigtsein in ihnen spürt, das Nachholbedürfnis, das nicht mehr zu sättigen ist.

Oder da ist ein Mann, der völlig in seinem Beruf „aufgeht“, er kennt nichts anderes als seine Arbeit, interessiert sich für nichts sonst, sieht und erlebt nur das, was in irgendeiner Beziehung zu seiner Tätigkeit steht, ist für alles andere blind. Solche Einseitigkeit und gleichsam Monomanie kann auf dem jeweiligen Berufsgebiet zu Höchstleistungen befähigen, legt uns aber auch auf den bestimmten Sektor der Wirklichkeit fest, in dem wir Fachmann sind. Fachliches Wissen oder Können erfordert Spezialisierung und völlige Konzentration auf einen Aspekt der Realität, aber es geht auf Kosten des Umfangs, der Breite. Oft macht man sich selbst auch nur vor, man könne sich mit gar nichts anderem beschäftigen, weil man keine Zeit dafür habe und sich sonst verzettele. Aber kein Gebiet ist so isoliert und in sich geschlossen, dass es nicht an Randgebiete anstieße, die uns vor steriler Einseitigkeit bewahren können. Gerade zum Alter hin, wenn wir bereits ein sicheres Können und eine gewisse Souveränität auf unserem Gebiet erreicht haben, sollten wir an die Ausweitung unserer Interessen denken. Keine Zeit dafür zu haben ist oft nur eine Ausrede und verdeckt den Wunsch, die eingefahrenen Gleise nicht verlassen, die lieben Gewohnheiten nicht aufgeben zu wollen. Solche Trägheit macht uns früher alt und starr, weil dadurch viele Möglichkeiten in uns nicht angesprochen werden, die zum Lebendigbleiben gehören.

Wenn dann aus irgendwelchen Gründen die alte Tätigkeit nicht mehr ausgeführt werden kann, tritt jene Leere ein, die Hilflosigkeit, das Nichts-mit-sich-anfangen-Können, und nur zu oft wird man dann bitter, enttäuscht, fängt das Trinken an, fühlt sich vom Leben überholt und lässt seine Enttäuschung an der Familie aus, ohne zu sehen, wie man das alles mitkonstelliert hat. Griesgrämige Menschenfeinde sind oft das Endresultat.

Diese Beispiele sind in keiner Weise übertrieben oder selten; aber sie können uns Wichtiges zeigen. Spätestens um die Lebensmitte sollten wir uns fragen: Wie soll, wie kann mein Leben aussehen, wenn meine Kinder nicht mehr im Haus sind und mich nicht mehr brauchen, wenn ich meinen Beruf nicht mehr ausüben kann oder werde? Wir können gar nicht früh genug damit anfangen, uns vorzustellen, was für Möglichkeiten wir in uns entwickeln können, die uns erfüllen, damit wir nicht auf andere angewiesen sind und uns von deren Dasein oder Zuwendung abhängig machen. Es ist natürlich gar nicht leicht, Kinder loszulassen, in die man so viel Zuwendung, Bemühung und liebende Sorge gesteckt hat – aber das gehört zu unserem Dasein, und wir haben nicht das Recht, sie dankbar-verpflichtend an uns zu binden. Das Loslassenkönnen der Kinder ist schon eine erste Vorübung aufs Alter, wo wir auf vielen Gebieten lernen müssen loszulassen.

Festhalten und Loslassen, Bindung und Freiheit sind zwei

polare Impulse in uns; beide können überwertig werden und dann unsere Entwicklung hemmen. Zu viel Bindung engt uns ein, setzt eine Verlustangst, die uns schließlich immer mehr festzuhalten drängt; zu viel Freiheit und Loslassen machen uns hybrid und lassen uns nichts tiefer erleben. Besonders in den mitmenschlichen Beziehungen ist es wichtig, die gesunde Mitte zwischen beiden Neigungen zu halten – wir sahen an den obigen Beispielen, wie gefährlich zu viel Bindung werden kann, wir können es in vielen Ehen sehen.

Im Alter wird nun das Loslassen besonders wichtig; erst dann kann es seine schenkenden Seiten zeigen. Die von älteren Menschen oft gehörte scherzhafte Redensart, wenn sie auf etwas verzichten, etwas hergeben, „Das kann ich ja doch nicht mit ins Grab nehmen", meint diese Kunst. Die loslassende Einstellung lässt uns vieles unter dem neuen Aspekt sehen, was wirklich und letztlich wichtig ist, einen Wert für uns bedeutet, uns fördert und reif macht. Das meint man, wenn man die Dinge sub specie aeternitatis (unter dem Gesichtspunkt der Ewigkeit) ansieht, und es ist eine der großen Erleichterungen des Alters, zu erkennen, wie wenig letztlich wichtig und notwendig ist, wesentlich in dem Sinne, dass es uns zu unserem eigentlichen Wesen führt und verhilft. Wie vieles hat uns in unserem Alltag überfremdet, womit mussten wir uns alles auseinander setzen, wogegen kämpfen und was alles ernst nehmen, das, sub specie aeternitatis gesehen, oft belanglos ist, ja uns ein Kopfschütteln abnötigt, weil wir es so ernst nahmen! Aber dies Loslassenkönnen will auch vorbereitet sein, gelernt werden.

Ist es ein wichtiger Aspekt des Alters, loslassen zu lernen, so muss ein weiterer hinzukommen, den ich den gestalterischen oder konstruktiven nennen möchte. Damit ist jede Form von schöpferischer Aktivität gemeint, die zur Gestaltung des Alters aus eigenen Kräften beiträgt. Auch das will im Allgemeinen vorbereitet sein, denn man kann nicht erwarten, dass einem nun plötzlich neue Kräfte zuwachsen und Fähigkeiten geschenkt werden, die man früher nie angewendet hat. Manche Menschen sind in der glücklichen Lage, ihren Beruf bis ins hohe Alter ausüben zu können – Wissenschaftler, Künstler, Politiker, Ärzte oder Psychotherapeuten etwa –, und manche erreichen eine Altersreife dabei, die Züge der Vollendung tragen kann. In seinem Buch „Spätwerke großer Meister" hat Brinckmann Alterswerke großer Maler wiedergegeben, die oft einen einmaligen Zauber haben, wie er erst und nur im Alter so gelingen kann. Aber selbst wenn man sie als Ausnahmen zumindest insofern ansieht, als es sich dabei um Hochbegabte handelt, enthält das Alter doch auch für den „mittleren" Menschen noch Werte und Möglichkeiten.

Von Ausnahmefällen abgesehen, hat jeder Mensch – meist ungenutzte – Begabungen und Möglichkeiten in sich, die er nun betätigen kann. Wenn man sich dabei von der Vorstellung frei macht, dass nur „Nützliches" ein Lebensrecht hat, wenn man einfach aus der Freude am Tun sich mit etwas beschäftigt, weil es für einen selbst sinnvoll ist, kann man ganz Neues in sich entdecken. Die Wahl des Berufs, die Zuwendung des Interesses auf bestimmte Gebiete beschränkten uns in vieler Hinsicht, das Alter aber kann uns für andere Dinge freigeben, nach denen wir eine geheime Sehnsucht gehabt haben, zu denen wir aber vorher nicht gekommen sind. Es ist dabei nicht wichtig, dass wir Bedeutendes schaffen, mehr, dass wir zu einer Art des Spielens zurückfinden, die sehr beglückend sein kann; gerade auch durch ihre Zwecklosigkeit kann sie für uns sehr sinnvoll werden. Das gilt für alle Ausdrucksmöglichkeiten wie Malen, Schnitzen, Musizieren oder kunsthandwerkliche Betätigungen. Es kommt gar nicht darauf an, Kunstwerke zu schaffen, nur darauf, dass wir uns dabei sammeln können, etwas ausdrücken und gestalten und so vielleicht die vernachlässigte Innenwelt entdecken.

Gerade die Zweckfreiheit solcher Altersinteressen und -tätigkeiten ist ihr besonderer Reiz; wir brauchen damit kein Geld zu verdienen, keinen Ehrgeiz zu haben, überhaupt nichts Bestimmtes zu wollen – das kann die Basis abgeben für solche Neuentdeckungen, kann uns mit einer Neugier erfüllen auf dem Wege zu Seiten in uns, die wir noch nicht kannten; das kann uns lebendig erhalten und vor der Altersresignation bewahren. Denn nichts lässt uns schneller altern als die Resignation – damit spricht man sich selbst das Urteil, alt zu sein. Solche Resignation hat auch die Gefahr in sich, dass wir dann alles Neue bekämpfen und abwerten. Weil wir uns nicht mehr in der Lage glauben, an neuen Entwicklungen teilnehmen und sie aufnehmen zu können, unterliegen wir im Alter der Gefahr des Ressentiments, das etwas Vergiftendes hat.

Wir geraten dann meist mit der jungen Generation in Konflikt, wirken auf sie hemmend, stellen uns gegen sie und damit auch gegen unsere eigene Weiterentwicklung. Alles ist dann früher besser gewesen, das Neue wird als Gefahr gesehen oder als wertlos, als Anmaßung der Jugend und Verrat an der Tradition. Und je mehr man glaubt, sich wehren zu müssen, umso unsachlicher werden die Argumente. Die verständliche Reaktion der Jugend auf solches Verhalten – offener Kampf oder Nicht-mehr-ernst-Nehmen der alten Generation – verbittert dann noch mehr. Oft entstehen nicht wieder überbrückbare Klüfte zwischen den Generationen. Es ist etwas anderes, als alternder Mensch etwa zu sagen: Das würde ich gern noch miterleben, diese Entwicklung noch selbst mitmachen, an ihr teilnehmen, als zu sagen: Dazu bin ich zu alt, und aus solcher Resignation es abzuwerten. Diese Einstellung „verknöchert" uns und lässt uns früher verkalken. Es ist noch zu wenig untersucht, wieweit physische Alterserscheinungen uns unfähig machen, an neuen Entwicklungen teilzunehmen, oder wieweit erst das Nicht-mehr-teilnehmen-Wollen und die Resignation uns verkalken lassen, zumindest früher, als es sein muss. Denn auch im Alter besteht eine körperlich-seelische Wechselwirkung, und wer sich selbst aufgibt, wird auch vom Leben aufgegeben.

Was das Altern heute erschwert

In weniger raschlebigen Zeiten als heute war es in vieler Hinsicht leichter zu altern. Man erhielt selbstverständlicher jenen Respekt, der dadurch gefördert wurde, dass die Alten, wenn sie nicht zu früh vergreisten, tatsächlich der Jugend überlegen waren durch größere Erfahrung, durch mehr Wissen und Können. Darin bestand ihr unleugbares Privileg. In der Großfamilie hatten sie noch Funktionen und Aufgaben. Mit der Auflösung der Großfamilien und der Industrialisierung ist das anders und sind die Alten häufig überflüssig, ja lästig geworden. Sie werden abgeschoben in Altersheime und sterben dort oder in Krankenhäusern, nicht mehr in der Familie. Ihre Not und manchmal ihr Elend spielen sich am Rande der Gesellschaft ab, die im Allgemeinen wenig Neigung zeigt, sich mit ihren Problemen zu beschäftigen.

Erfahrungen hatten also die Alten den Jungen voraus, schon seltener das, was wir Reife nennen, jene schwer zu definierende Eigenschaft, welche die Ganzheit eines Menschen auf einer bestimmten Entwicklungsstufe meint, wofür wir im Allgemeinen ein feines Gefühl haben. Damit hatte der alternde Mensch noch etwas, auf das er zuleben konnte: die Achtung seiner Umgebung. Die einen stellten sich ihren Lebensabend als eine Art Daueridylle vor, wie sie von der bürgerlichen Romantik oft gemalt und beschrieben wurde. Andere hofften, als würdige Autorität und letzte Instanz noch im Hintergrund zu stehen und bei allen wichtigen Entscheidungen gefragt zu werden, immer dann, wenn die Jüngeren auf Vorerfahrungen zurückgreifen mussten, die eben nur die Alten hatten. Wieder andere blieben der festen Überzeugung, dass „es“ ohne sie nicht gehen könne, und verstanden es daher nicht, rechtzeitig zurückzutreten, wohl auch, um das eigene Altern sich und der Umwelt nicht zugeben zu müssen. Aber den meisten schwebte ein Alter vor mit Würde, Weisheit, Anerkennung und Dankbarkeit, was sie allein schon deshalb erwarteten, weil sie alt wurden.

Diese Idealisierung des Alters ist heute keine Wirklichkeit mehr – wenn sie je eine war. Zwar hat sich das plakative Bild des Alters von der Idylle des Pfeife rauchenden, gütig lächelnden Großvaters und der abwechselnd strickenden und Bibel lesenden Großmutter, beide umgeben von dankbaren Kindern und andächtig-verehrend zu ihnen aufblickenden Enkeln, gewandelt und hat dem kollektiven Bild des „jung gebliebenen Alten" Platz gemacht. Aber bei aller Bereitschaft zur Modernität der eigenen Lebensführung, die Bilanz fällt dennoch für viele ernüchternd aus: Leid, Krankheit, Enttäuschtheit; Bitterkeit, Einsamkeit, das Gefühl des Überflüssigseins; Zerwürfnisse mit der Familie oder der nachfolgenden Generation; Abgestelltsein auf ein totes Gleis. Sentimental-idealisierende Erwartungen vom Alter tragen noch immer viel dazu bei, dass wir uns nicht in angemessener Weise auf das Alter vorbereiten, sondern mit Ansprüchen darauf zuleben, deren Enttäuschung dann so oft zu Groll, Verbitterung und zum Hass auf die Jugend führt, wenn sie nicht erfüllt, was die Alten glaubten erwarten zu dürfen. Solche Erwartungen an das, was uns im Alter „zusteht", tragen viel dazu bei, dass wir uns nicht darum bemühen, uns auf die Realität des Alters vorzubereiten, wie sie für viele heute aussieht. Es wird oftmals hartnäckig verdrängt, dass die Jungen ihre eigenen Sorgen, Probleme und Wünsche ans Leben haben und einen nicht überall miteinbeziehen mögen oder auch nur den Rat suchen, den man gerne geben würde: weil man ihn in einer komplizierter werdenden Welt oftmals auch gar nicht mehr geben kann!

Der alternde Mensch sieht sich nämlich heute auch vor Aufgaben gestellt, die es früher für ihn in dieser Weise nicht gab: Es trifft heute sehr oft nicht mehr zu, dass das Alter so viel erfahrener macht. Neue Erfindungen und die explosionsartigen Entwicklungen auf fast allen Wissensgebieten, neue Entdeckungen, für die noch keine Tradition und Erfahrungsvorgeschichte bestehen, machen es im Gegenteil heute der Jugend oft leichter, dem Neuen gewachsen zu sein. Sie verfügt über eine größere Elastizität und Beweglichkeit, sie ist nicht vorbelastet mit Wissen und eingeübten Funktionen, die sie erst wieder verlernen muss, während Gewohnheit, bestimmte Geschultheit und sogar spezielle Erfahrungen bei den Älteren sich heute eher störend oder hemmend auswirken, etwa bei notwendigen Umlernprozessen. Das ist ein völlig neuer Sachverhalt, der auf viele Ältere sehr entmutigend wirkt, müssen die doch erleben, dass erheblich Jüngere ihnen tatsächlich überlegen sind, etwa in der Handhabung eines Computers, eines Handys oder einer Digitalkamera, so dass der Begriff des Meisters, der früher für den Alternden seinen besonderen Wert hatte, auf vielen Gebieten aufgehoben ist. Dadurch empfindet sich der Mensch heute oft früher als alt und von der jüngeren Generation überholt.

Es ist heute auch deshalb schwerer, zu altern, weil der Jugend, dem Jungsein ein fast absoluter Wert gegeben wird. In der Werbung werden nur junge, „schöne Menschen" dargestellt. Ein Jugendkult drängt alles andere zurück. Was reifer und älter erscheint, muss sich schon fast schämen. Dadurch bekommt der alternde Mensch noch stärker das Gefühl, etwas Unwiederbringliches verloren zu haben. Das verführt ihn nun wieder stärker dazu, mehr auf das Vergangene und Verlorene zurückzublicken und es mit der Gegenwart zu vergleichen, oder aber zu dem Bemühen, möglichst lange jung zu bleiben oder zu erscheinen. Dann sieht man immer nur, was man nicht mehr hat und kann, und zu wenig das, was noch da ist und vor einem liegt und was man damit noch anfangen kann.

Damit berühren wir das vielleicht entscheidende Problem des Alterns: Es hat nur noch wenig Zukunft und für alle die keinen Anreiz mehr, die nur die Ausfälle und Verzichte sehen und daher immer ausschließlicher zurückblicken oder Vorhandenes um jeden Preis festhalten wollen. Aber gerade das Annehmen der zeitlichen Begrenztheit gibt dem Alter sein spezifisches Lebensgefühl und seine Möglichkeiten. Doch man muss lernen, damit umzugehen. Jeder Alternde steht vor der Entscheidung, entweder das festhalten zu wollen, was er ihm entgleiten fühlt, oder sich auf das neue Lebensgefühl einzulassen und sich damit neuen Möglichkeiten und Wandlungen zu öffnen.

Dazu kommt noch ein Weiteres, das eng mit der Entwicklung der Naturwissenschaften zusammenhängt: Ihre Erfolge haben unter anderem zu einer Entmythologisierung unseres Lebens geführt. Wir haben nach dem Zweiten Weltkrieg sehr gründlich mit allen Ideologien aufgeräumt, und das war auch nötig. Aber seither ist eine seltsame Leere entstanden, unser Leben ist weitgehend trostlos geworden. Wir sind zwar sehr stolz darauf, uns keine Illusionen mehr zu machen, aber wohl auch in der Gefahr, damit Fähigkeiten verkümmern zu lassen, die zu Sinngebung und Wertsetzung führen. Zu leicht ist man heute bereit, als Ideologie und Illusion abzuwerten, was „unwissenschaftlich" ist.

Bruno Bettelheim schreibt in seinem Buch „Aufstand gegen die Masse", dass nach seinen persönlichen Erfahrungen im KZ „eine Gruppe, deren Mitglieder nach psychoanalytischer Theorie als außerordentlich neurotisch oder schlicht als in Wahnvorstellungen befangen gelten musste und deren Persönlichkeit daher unter starker seelischer Belastung zerfallen musste", im Lager nicht nur „ungewöhnliche menschliche Würde und Größe zeigten, sondern auch immun zu sein schienen gegen die Einflüsse des Lagerlebens" – er spricht von den Zeugen Jehovas. Wenn wir das nicht einfach ironisch übergehen und abtun, weil es uns vielleicht unbequem ist und eigentlich nicht sein dürfte, sollte es uns sehr nachdenklich machen. Hier liegt fraglos eine hohe menschliche Leistung vor, und sie zeigt ganz schlicht, dass der Mensch für eine Idee, für ein Ziel, für einen Sinn – deren Wert soll zunächst nicht zur Diskussion stehen, nur die Wirkung betrachtet werden – Erstaunliches zu leisten vermag, viel mehr offenbar, als wir ohne eine solche Ausrichtung vermögen.

Das ist natürlich nichts Neues. Aber beim Aufräumen mit den Ideologien scheinen wir im Begriff zu sein, das Kind mit dem Bade auszuschütten, indem wir alles, was eine religiöse Note, eine metaphysische oder gar mystische Einstellung verrät, schon wieder als verdächtige Ideologie, als unwissenschaftlich oder gar neurotisch ablehnen. Man merkt dabei offenbar nicht, dass man damit einer neuen Ideologie verfällt, dem Glauben an die Ratio, von der man sich Antworten auf Fragen erwartet, die sie allein nie geben kann. Dahinter liegt ein tiefes Misstrauen gegenüber allem, was nicht „wissenschaftlich" erklärt werden kann. Weil die Ergebnisse und Funde der Naturwissenschaften so nachprüfbar und beweisbar sind, hofft man, dass sie uns nicht enttäuschen werden. Neben den großen Erfolgen der Naturwissenschaften haben Enttäuschung und Enttäuschungsangst dazu geführt, sie überzubewerten. Aber, um nur ein Beispiel zu nehmen, wissen wir über die Liebe mehr, wenn wir alle sexuellen Techniken und physiologischen Abläufe kennen und nur naturwissenschaftlich an sie herangehen? Wenn wir uns heute so ausschließlich an das Rationale und experimentell Beweisbare halten, deutet das auf eine Angst vor dem Irrationalen, das man heute so gern mit dem Unvernünftigen gleichsetzt und das doch die „andere Seite" unseres Lebens ist, eine Angst, die sich einmal tiefer zu untersuchen lohnte.

Am Alter wird es besonders deutlich: Rein somatisch betrachtet, ist es nur etwas Negatives, ein Mangelzustand. Nachlassen der physischen und oft auch der psychischen und geistigen Kräfte; Abnutzungserscheinungen, Verbrauchserscheinungen,

Verkalkungen und so weiter sind die Gespenster, die Medizin und Naturwissenschaft für uns bereithalten. Man unterschätze die Suggestivkraft solcher Aussagen nicht, vor allem, wenn sie mit wissenschaftlicher Autorität vorgebracht werden. Natürlich gibt es das alles, aber es gibt eben auch anderes, es gibt – gar nicht so selten – Altershöchstleistungen, erstaunliches Überwinden von Krankheiten, Lebensfreude bis ins hohe Alter. In einer defizitären Sicht des Alters von der Naturwissenschaft her kann man die Tristheit solcher Aussagemöglichkeiten erkennen. Sie enthalten nichts von Wandlungsmöglichkeiten, von Erlebnisreichtum und von der Fähigkeit zum Transzendieren.

Sieht man das Alter nur als Mangelzustand, wird man konsequenterweise versuchen, diesen zu mildern, und das natürlich mit medizinischen Mitteln. In dem Maße, wie das propagiert wird, verlässt man sich mehr und mehr auf diese Hilfen und auf passive Erwartungsvorstellungen von Wundermitteln. Das kann dann unsere Eigeninitiative und Gestaltungskraft schwächen, weil es uns überwertig auf die körperlichen Vorgänge einstellt, manchmal gewisse hypochondrische Vorstellungen begünstigt.

Der alternde Mensch kann heute nur zweierlei der Jugend noch voraushaben: allgemeine Lebenserfahrung und vielleicht die schon erwähnte persönliche Reife, also das erlebte Wissen um biologische und seelische Entwicklungen, um menschliche Krisen, Reifungsschritte und Wandlungserlebnisse, um Auseinandersetzungen und Aufgaben, kurz, um all das, was ein menschliches Leben ausmacht, was man aber erst im Laufe seines Lebens erfährt. Hier hat der alternde Mensch nach wie vor der Jugend etwas zu geben. Umso peinlicher ist es, wenn er stattdessen mit der Jugend zu konkurrieren versucht und nicht altern kann. Dadurch verscherzt er sich oft genug selbst die vorhandene Bereitschaft der Jugend, echten Respekt zu haben vor einer überzeugenden menschlichen Leistung – auch der des Alternkönnens.

Bei der heutigen Überbewertung des Jungseins hat der alternde Mensch eine neue, zusätzliche Aufgabe, die es früher für ihn in dieser Weise nicht so gab: Er steht vor der Aufgabe, ein neues „Image" des Alters zu schaffen, also eine Form des Alters zu leben, die überzeugt. Die Vorbedingung dafür ist, dass man nicht der allgemeinen Suggestion der Überbewertung der Jugend verfällt, immer nur das Verlorene sieht, sondern dass man vorwärts blickt und auch dabei das Ende mit einbezieht – umso größer ist die Chance, die Werte des Alters zu finden.

Was das Altern heute erleichtert

Nichts im Leben hat nur einen positiven oder negativen Aspekt, und so müssen wir nach den Erschwerungen, die unsere Zeit für das Altern mit sich bringt, nun darstellen, was sie an Erleichterungen geben kann. Die moderne Medizin bietet uns in zunehmendem Maße Erleichterungen für das körperliche Altwerden. Viele bisher als unheilbar angesehene Krankheiten können heute zumindest aufgehalten und gemildert werden, gerade auch Krankheiten des Alters. Neue Medikamente und Operationstechniken erlauben früher nicht für möglich gehaltene Beeinflussungen von Körperorganen und -funktionen, und die weitere Entwicklung ist hier noch nicht abzusehen. Die bessere ärztliche Versorgung für praktisch alle Bevölkerungsschichten sowie die steigende Zahl derer, die sich helfenden Berufen zuwenden, kommen hinzu. Verbesserte diagnostische Verfahren erlauben es, sich anbahnende Krankheiten früher zu erkennen und ihnen vorzubeugen, wie überhaupt die Prophylaxe eine wachsende Bedeutung bekommt, beginnend schon in der Kindheit.

Der medizinische Fortschritt erhält aber auch zunächst einen Januskopf, in dem die erzielte Lebensverlängerung zu einer Zunahme der typischen Alterserkrankungen wie den Demenzerkrankungen führt. Mittlerweile hat die medizinische Wissenschaft die Herausforderung angenommen, was sich in einer verbesserten Früherkennung, in der Genforschung als Ursachenforschung und neuen vielversprechenden pharmakologischen Therapieansätzen niederschlägt.

Die mittlere Lebenserwartung liegt in Deutschland gegenwärtig bei 74 Jahren für Männer und bei 80 Jahren für Frauen, Ende des 19. Jahrhunderts lag sie um 40. Wieweit sich diese Grenzen noch verschieben werden, wissen wir nicht, sie scheinen sich aber weiter auszudehnen. So hat das Alter manche Schrecken verloren, und wir können uns berechtigte Erwartungen machen, später und langsamer zu altern.

Im Gegensatz zu dem früher Gesagten können wir nun feststellen, dass man sich durch die Hilfen der Medizin heute später als alt erlebt. Früher war eine Frau mit 40 eine Matrone, was sie auch in der Kleidung und im Lebensstil zum Ausdruck brachte. Das Eintreten der Menopause war für viele Frauen gleichbedeutend mit dem Verzicht auf Erotik und Sexualität. Kollektive Einstellungen und Wertungen ließen die Frau sich früher als alt erleben – „man" war eben mit 40 eine Matrone und wäre aus dem Rahmen kollektiver Erwartungen gefallen, wäre man anders gewesen. Wir unterliegen ja alle solchen kollektiven Vorstellungen und Meinungen, und wenn es danach für eine Frau in diesen mittleren Jahren nicht mehr schicklich war, sich jugendlich zu kleiden und jung sein zu wollen, konnte sich die Einzelne dem schwer entziehen. Heute ist das Gegenteil zutreffend: Mütter und ihre erwachsenen Töchter wetteifern miteinander und sind äußerlich oft schwer als Mutter und Tochter zu erkennen.

Der Mann lebte mit verschiedenen Gefühlen auf das Alter zu; für den einen bedeutete es die ersehnte, für einen anderen die gefürchtete Pensionierung. Ersehnt, weil man die Vorstellung eines behaglichen Alters mit Steckenpferden hatte, nicht mehr unter dem Druck von Arbeitsforderungen und Verantwortung stehen würde und endlich „seine Ruhe" hätte. Gefürchtet, weil die Festlegung des Pensionsalters auf eine starre Grenze, unabhängig von der noch vorhandenen Lebendigkeit, der Leistungsfähigkeit und Schaffensfreude, bei den Aktiven das Gefühl der Resignation, des Überflüssigseins und des Zum-alten-Eisen-Gehörens weckte.

Heute braucht man das Gefühl des Überflüssigseins nicht mehr so früh zu haben. Es gibt andere und mehr Wege, auch als alternder Mensch noch gebraucht zu werden, Möglichkeiten, die bei weitem nicht ausgeschöpft sind und die vor allem auf dem Gebiet mitmenschlicher Hilfen liegen. Das unverbrauchte Potential noch sehr lebendiger älterer Menschen könnte sozial sehr fruchtbar gemacht werden, in beratender und betreuender Tätigkeit zum Beispiel. Es ist oft niederdrückend, zu sehen, wie die Fähigkeiten und Bereitschaften solcher Menschen brachliegen, weil wissenschaftliche Vorurteile für alle solche Tätigkeiten eine Ausbildung verlangen, Vorbildungen, die diese Menschen nicht aufzuweisen haben. Dass sie anderes aufzuweisen haben, was viel wichtiger sein kann als solche Ausbildung – nämlich echte Zuwendung, Lebenserfahrung, die man in keiner Ausbildung lernt, ursprüngliche Begabung und Einsatzbereitschaft –, das zählt vor dem Prinzip nicht.

Hier sollte die Möglichkeit von Kurzausbildungen geschaffen werden, bei denen sich die Spreu vom Weizen sondern lässt, denn natürlich werden sich unter diesen Menschen auch solche befinden, die sich Dinge zutrauen, die sie nicht vermögen, weil sie falsche Vorstellungen von sich und von der Aufgabe haben – aber das soll auch bei „Ausgebildeten“ vorkommen.

Eine weitere Erleichterung des Alters liegt heute darin, dass die stärker dynamisch-expansive Lebensform der Jugend die Familie im Allgemeinen früher entlastet. Mit der Auflockerung des Familiengefüges, der blutsverwandten Bindungen, bestehen weniger Erwartungen an die Familie, damit auch eine frühere Entlastung der Eltern von Verantwortung und Sorgepflichten, so dass sie früher für sich selbst frei werden. Wie man das auch bewerten mag, es bedeutet ein geringeres familiäres Aneinanderhaften. Die „ewigen Söhne und Töchter“, die Nesthocker, die von Vätern und Müttern nicht freigegeben werden für ihr eigenes Leben oder die sich nicht loslösen können, sind seltener geworden.

Paradoxerweise haben dafür die „freiwilligen Nesthocker“ zugenommen, als Ausdruck einer immer komplizierter werdenden Welt, die den Einzelnen verunsichert und in der auch der Aufbau einer „eigenen Existenz“ bei zunehmender Infragestellung und Demontage der überkommenen Werte immer schwieriger erscheint. Es scheint sogar so, dass heute im öffentlichen Bewusstsein mehr für das Alter als für die Orientierung und Bildung der Jugend getan wird. Eine junge Wissenschaft, die Gerontologie, ist darum bemüht, die Probleme alternder Menschen zu erforschen, zu verstehen und angemessene Abhilfen für Notstände zu suchen, vor allem aber auch auf die Altersprophylaxe hinzuweisen, auf die Vorbereitung aufs Alter, deren Wichtigkeit und Notwendigkeit noch viel zu wenig gesehen wird. Die Massenmedien befassen sich hier und da mit diesen Themen und informieren die Gesellschaft über die Alten, realistisch und unsentimental, und manchmal kommt es zu praktisch verwertbaren Vorschlägen für die Erleichterung der Lebensbedingungen im Alter.

Hierbei gerät die Jugend sogar ins Hintertreffen. Um den Jungen gleichermaßen zu helfen und eine Orientierung zu geben, müsste die Gesellschaft selbst erst zu neuen oder der Wiederentdeckung „alter“ Normen und Wertvorstellungen kommen und auch den Mut haben, sie der Jugend offen anzubieten. Diese Aufgabe könnte unter dem Motto eines „Dialoges zwischen den Generationen“ von den Alten mitgestaltet werden. Bedenklicherweise erscheint die Jugend leider derzeit nur eine gut beeinflussbare Zielgruppe kommerzieller Interessen zu sein und Konsument nicht tragfähiger, kurzlebiger Ideale, was für die Gesellschaft zum Problem wird. Ihre Sehnsucht nach Idolen und Idealen ist nämlich im Grunde ungebrochen. Die Schulen sind aber oft überfordert, auch noch Erziehungsaufgaben und Wegweisungen in der „Kunst des Lebens“ zu übernehmen, die vom Elternhaus aus vielerlei Gründen (man denke nur an die erschreckende Scheidungsrate von derzeit ca. 50 %) immer weniger geleistet wird.

Die Psychotherapie hat hier noch eine echte Aufgabe, sowohl etwa in Altersselbsterfahrungsgruppen als auch, das wäre neu, in entsprechenden Vorsorgeangeboten für die Jugend, die von einem Therapeuten geleitet werden. Das Gemeinsame des Erlebens, der Nöte und Sorgen, aber auch das Erkennen der verbleibenden Möglichkeiten kann ungemein entlasten, neue Wege entdecken helfen und die Einsamkeit und Orientierungslosigkeit für beide Altersgruppierungen zumindest mildern. Vielleicht lassen sich dabei mit der Zeit auch allgemein gültige Erfahrungen herausarbeiten, zu denen gerade die Alten etwas beizusteuern hätten und die gerade auch der Prophylaxe dienen können.

Aber auch die Psychotherapie – sei es in Form einer Einzel- oder einer Gruppentherapie – kann gerade im Alter noch sehr fruchtbar werden. Vor allem die analytische Psychotherapie Jungs erscheint hierfür geeignet, weil sie betont auf den Individuationsprozess eingestellt ist, also auf dem Menschen immanente Selbstverwirklichungsbestrebungen, die sie anzusprechen und zu fördern vermag.

Der Individuationsprozess umgreift in der Auffassung der Jung'schen Psychologie einmal die selbstverantwortliche persönliche Entwicklung als Sinnsetzung und Sinnfindung, bei steter Auseinandersetzung mit den eigenen Wertvorstellungen und Lebenszielen, die sich im Laufe des Lebens auch wandeln können. Andererseits ist auch die Entwicklung des Beziehungsaspektes – das soziale Leben – sehr bedeutsam. Wesentlich ist hierbei die Vorstellung der Ganzheit, wonach die eigenen eher unentwickelten persönlichen Eigenschaften nachreifen sollten. Für den Introvertierten hieße es etwa, mehr Beziehung nach „außen" entwickeln zu können, für den Extravertierten wäre der umgekehrte Weg – die Beziehung nach „innen" – wichtig.

Der Individuationsprozess läuft als angeborene Eigenschaft der Psyche, dazuzulernen und zu reifen, lebenslang. Er kann sich aber durch bewusste Hinwendung und durch ein Bekenntnis zur eigenen Entwicklung auch erheblich verdichten. Etwa im Durcharbeiten aktueller Probleme und der über Träume vermittelten „inneren Botschaften“, im Gewinnen eines Überblicks über das bisherige Leben und in neuen Verständnismöglichkeiten dafür kann gerade der alternde und alte Mensch innere Entwicklungen erleben, können ihm Erlebnisbereiche zugänglich gemacht werden, die sehr beglückend sind. Die Empfänglichkeit vieler alternder Menschen für solche inneren Entwicklungen, welche die Fähigkeit zum Transzendieren ansprechen, ist sehr groß. Man staunt oft, was bei psychotherapeutischer Zuwendung – das Bedürfnis alternder Menschen nach etwas mitmenschlicher Wärme ist im Allgemeinen recht ausgeprägt – bei ihnen in Gang kommt. Die Entwicklung läuft oft rascher und tiefer als bei Jüngeren. Ärzte, Seelsorger und Psychotherapeuten wissen am meisten von dieser Bereitschaft der Alternden sowie von ihrer Dankbarkeit, wenn sie solche Hilfen bekommen. Die Kosten für entsprechende psychotherapeutische Gespräche wären nicht zu hoch, weil sie aufgrund größerer Lebenserfahrung der Älteren nicht so häufig stattzufinden brauchten wie bei der Behandlung von Menschen im jüngeren und mittleren Lebensalter.

Es wäre auch durchaus wünschenswert, wenn hier der Staat eingriffe und solche Betreuung in wirtschaftlicher Hinsicht übernähme – er käme dabei oft viel besser weg, als wenn er für die Schäden aufkommen muss, die durch einen Mangel an Betreuung entstehen. Eine Finanzierungsmöglichkeit in diesen Fällen besteht ja schon über die Krankenversicherungen, die allerdings nur bezahlen, wenn tatsächlich bereits eine seelische Störung von Krankheitswert vorliegt. Die Menschengruppen „davor“ könnten über ein verstärktes Angebot an Selbsthilfegruppen – initial angeleitet über Sozialarbeiter und Psychologen – erreicht werden, was bislang in einigen Großstädten schon praktiziert wird und auch eine bessere Verbreitung im kleinstädtischen Bereich verdiente.

Wenn also die Alten der Gesellschaft „zur Last fallen“, liegt das auch an der Gesellschaft, die die Alten noch zu großen Teilen ausgliedert.

Es sei noch erwähnt, dass auch die Technik dazu beiträgt, das Alter zu erleichtern. Die allgemeine Motorisierung ermöglicht es auch älteren und alten Menschen, noch mehr am Leben teilzunehmen. Das Reisen ist so bequem geworden, dass sie sich auch noch große Reisen zutrauen können, die früher eine unzumutbare Strapaze gewesen wären. Die Tourismusbranche hat die Zielgruppe der älteren Reisenden „entdeckt“, bietet auch dem neu entstandenen Typus der zahlungskräftigen „jung gebliebenen Alten“ noch Expansions- und Freudemöglichkeiten und lässt die Welt länger für sie offen sein. Man unterschätze diese Möglichkeiten nicht; sie tragen viel dazu bei, dem Alter positiver entgegensehen zu können. Manche haben eine Unternehmungslust, die sie nun erstmals befriedigen können. Es ist gar nicht mehr selten, dass Siebzig- und Achtzigjährige ihre erste Weltreise unternehmen.

Alter und Tod

Es ist sehr verschieden, wie sich die Einzelnen ihr Alter vorstellen. Es hängt auch von vielen Einzelfakten ab: vom bisher gelebten Leben und dem Lebensentwurf, von Erfülltheit oder Unerfülltheit, Erfolg oder Misserfolg, von Zufriedenheit oder Enttäuschung, vom körperlichen und seelisch-geistigen Gesundheitszustand, von der sozialen, familiären und wirtschaftlichen Situation. Das wird immer so sein. Der individuell-schicksalhafte Faktor wird immer bestimmend dafür bleiben, wie man das Alter erlebt. Aber dennoch hat es seine Berechtigung, von „dem" Alter zu sprechen, wie wir auch von „der" Kindheit und „der" Jugend sprechen und damit bestimmte Gemeinsamkeiten meinen, die zu diesen Lebensabschnitten charakteristischerweise gehören. So können wir auch von „dem" Alter sprechen als einer allgemeinmenschlichen Lebensphase, die bei aller individuellen Verschiedenheit der inneren und äußeren Bedingungen Gemeinsamkeiten aufweist, die zum Alter an sich gehören.

Das Alter kann aber nicht isoliert betrachtet werden, ohne den Tod mit einzubeziehen; das „Leben mit dem Tode", das heißt mit der Ausrichtung auf das Ende, ist eine der Gemeinsamkeiten, die zum Alter gehören. In der zweiten Lebenshälfte werden wir uns zunehmend unserer zeitlichen Begrenztheit bewusst, was nun wieder individuell sehr verschieden erlebt werden kann.

In seinem Buch „Die Generation als Jugendreihe und ihr Kampf um die Denkform" hat Eduard Wechssler vier Einstellungen beschrieben, wie wir uns den Tod vorstellen und erleben können.

Man kann ihn als „Eingehen ins All, als ein Ende, das sich wieder zum Anfang fügt" auffassen. Hier erlebt man sich offenbar als organisch eingebettet in einen naturhaften Kreislauf. Dieses Gefühl kann den starken Menschen dem Tod gegenüber zu der Haltung befähigen, ihn „mit ruhiger Fassung und dem

Bewusstsein, das Anvertraute zurückzugeben" hinzunehmen. Wir können hier von einer Naturfrömmigkeit sprechen, durch die wir unser Dasein als eingebettet erleben in natürliche und kreatürliche Abläufe, eingeordnet in überpersönlich-kosmische Ordnungen, denen man sich ohne Auflehnung fügt. Hier herrschen offenbar vegetativ pflanzliche Vorstellungen vom Werden, Reifen und Vergehen vor, vom Zurückkehren in die mütterliche Erde, aus der Neues in ewigem Kreislauf wieder hervorgeht. Dem zivilisierten, der vegetativen Natur entfremdeten Menschen des technischen Zeitalters ist diese Einstellung ferngerückt. Sie klingt in Gedanken von Novalis durch, wie „Tod ist nichts als Unterbrechung des Wechsels ... zwischen Seele und Welt" oder in dem kühneren „Wenn ein Geist stirbt, wird er Mensch. Wenn der Mensch stirbt, wird er Geist". Diese Einstellung – Wechssler bezeichnet sie als die kosmisch-organische – setzt wohl eine gewisse Naturverbundenheit voraus, ein Beeindrucktwerden durch Werden und Vergehen, wie man es täglich miterlebt. Hier schwingt Gelassenheit mit, man ist einem Naturgesetz ganz selbstverständlich unterworfen und hat vielleicht hier am stärksten die Vorstellung, in seinen Nachkommen fortzuleben – nicht zufällig sprechen wir vom Stamm-„baum", haben also ein pflanzliches Symbol für das Fortleben in den Nachkommen.

Eine weitere Art, sich den Tod vorzustellen, ist nach Wechssler, ihn als „Sieg und Erfüllung zu sehen, als Erlösung von der Not" im Sinne des „Es ist vollbracht". Bei solcher Auffassung kann der Tod vom starken Menschen „mit freudiger Gewissheit der Überwindung und der Treue gegen sein höheres Selbst" erlebt werden. Wechssler nennt diese Einstellung die ethisch-heroische. Bei dieser Einstellung erfüllt uns offenbar das Ethos einer uns auferlegten Aufgabe, wir werden von dem Gedanken der Sinnerfüllung unseres persönlichen Lebens getragen. In jenem „Es ist vollbracht" kann man sowohl den Stolz über die Erfüllung der auferlegten Aufgabe heraushören wie die Demut des nun vor dem Tode sich Beugenden, über den er keine Macht hat, der ihn daher auch aus der eigenen Verantwortung entlässt. Hier ist der Mensch vor allem ethisch ausgerichtet im Zuleben auf ein schicksalhaft erlebtes Ziel, eine Bestimmung und eine Aufgabe, in der er den Sinn seines persönlichen Lebens sieht. Es ist nicht die Rede von Naturgesetzen – nur sich selbst treu zu bleiben, „strebend sich zu bemühen" zählt und entscheidet über das Erleben des Endes. In diesem Sinne sagt Papst Johannes XXIII. in seinem „geistlichen Tagebuch", dass er dem Tod willig entgegensehe, ja dass er „einen guten Tod" in sich vorbereitet habe, und später spricht er nochmals von einer „freudigen Vorbereitung auf den Tod". Hier berührt uns als neu und auffallend, dass von einer Vorbereitung auf den Tod gesprochen wird. Danach wird der Tod, das Sterben, offensichtlich als Aufgabe empfunden. Vielleicht ist das Erlebnis der Transzendenz hier am deutlichsten.

Die dritte Weise, den Tod zu sehen, nennt Wechssler die „mechanische Notwendigkeit gemäß dem Naturgesetz", und der so eingestellte Mensch kann, wenn er stark ist, den Tod „mit Ergebung in die Notwendigkeit ohne Furcht noch Trauer" erleben. Wechssler nennt diese Einstellung die mechanisch-physikalische – man könnte wohl auch sagen: naturwissenschaftliche. Hier kann man von einer Art Stoizismus sprechen im selbstverständlichen Hinnehmen des Unvermeidlichen, aber dieses Hinnehmen ist anders getönt als bei der erstbeschriebenen Einstellung, bei der man in den großen Kreislauf der Natur zurücktaucht. Hier unterliegt man einem Naturgesetz, das man kennt. Wir könnten daher von einer (natur-)wissenschaftlichen Einstellung sprechen, und der Tod ist in solcher Auffassung wohl am eindeutigsten das absolute Ende, ohne Erlösung und Hoffnung. Die Größe dieser Auffassung kann darin liegen, dass sie den Mut zur Illusionslosigkeit hat, bewusst auf

Hoffnung und auf das verzichtet, was mit wissenschaftlichen Mitteln nicht erfahrbar ist. Vielleicht ist sie auch der Ausdruck eines tiefen Pessimismus. So spricht Freud in diesem Zusammenhang vom Tod als der „Rückkehr ins Anorganische", und es heißt von seinem eigenen Sterben, dass er dabei den kalten Mut des Wissenschaftlers bewahrte und die Todesverachtung eines Rationalisten zeigte. Hier fällt vielleicht der Begriff „Todesverachtung" auf, der gar nicht so leicht zu verstehen ist. Neben dem Mut, der darin anklingt, etwas zu verachten, vor dem die meisten Menschen Angst haben oder das sie als Mysterium empfinden, liegt auch etwas Trotziges darin, ein „Nein" bis zuletzt allem gegenüber, was an Mystik und Mysterium erinnern könnte. Drückt solche Verachtung die Stärke eines Menschen aus, der die Kraft hat, „ohne Furcht noch Trauer" eine Notwendigkeit hinzunehmen, oder liegt im Verachten des Todes noch etwas anderes, ein Ichbewusstsein, das sich dem Stärkeren nicht unterwirft und es im schließlichen Nachgebenmüssen wenigstens noch verachtet? Liegt darin vielleicht eine tiefe Resignation, die eine Glaubenssehnsucht in sich selbst missachtet? Wir wissen es nicht, und jeder Mensch nimmt das Geheimnis seines Sterbens mit sich.

Die vierte Auffassung des Todes schließlich ist nach Wechssler die, dass er „dem Geiste ein Nichts" bedeutet; danach ist „nach dem Tode das Nichts und der Tod selbst ein Nichts". Mit solcher Einstellung – Wechssler nennt sie die rational-mathematische – kann der Tod vom starken Menschen mit dem „Gleichmut des Geistes" ertragen werden, „vielleicht mit dem Trost, nachzuleben im Ruhm". Hier ist der Tod offenbar ein Denkproblem geworden. Indem man ihn zum Nichts erklärt, nimmt man sich die Todesfurcht, vielleicht aber auch dem Tod etwas von seinem Mysterium. Die geistige Souveränität im Überwinden des Todes durch Erkenntnis kann zu echter Gelassenheit führen. Immerhin wird hier die Unsterblichkeit über den Ruhm in Betracht gezogen und könnte bereits das Leben unter diesem Aspekt mitgeformt haben, wie es wohl jede Auffassung vom Tode tut. Diese Auffassung zeigt eine gewisse Ähnlichkeit mit der soeben besprochenen; den Tod als Nichts zu erklären, das klingt an Todesverachtung an, wenn auch Gleichmut des Geistes etwas anderes, weniger Emotional-Affektives als Verachtung ist. Vielleicht ist daher diese Auffassung des Todes die am weitesten gehende Überwindung, weil sie völlig unemotional etwas feststellt, der Mensch sich hier vielleicht am weitesten herausgelöst hat aus allen Gefühlseinstellungen.

Diese vier Einstellungen kommen wahrscheinlich selten „rein" vor, sie liegen als Möglichkeiten in unserer Wesensart als Menschen. Sie können sich im Laufe des Lebens bei demselben Menschen auch ändern im Zusammenhang mit Erschütterungen und Wandlungen. Zum Teil hängen sie auch von Zeitbedingungen und kollektiven Vorstellungen ab. Es wäre interessant, am Leben von Einzelnen zu untersuchen, wie ihre Vorstellungen vom Tode schon ihr Leben in bestimmter Weise mitgeprägt haben. Denn allen vier Auffassungen liegt eine bestimmte Haltung zugrunde, die schon vorher das ganze Leben durchzieht und für die die Einstellung zum Tode nur die letzte Konsequenz ist. So prägt nicht nur unser Leben unsere Vorstellung vom Tod, sondern unsere Vorstellung vom Tod prägt auch unser Leben.

Für unsere westliche Kultur ist es im Allgemeinen charakteristisch, dass wir den Tod so lange wie möglich ausklammern, den Gedanken an ihn von unserem Bewusstsein fern halten. Diese Scheu, den Gedanken an den Tod in unser Leben einzubeziehen, pflegt die unbewusste Todesangst zu verstärken, erreicht also meist das Gegenteil des Angestrebten. Wir verhalten uns dem Tod gegenüber oft noch kindlich-magisch: So deuten wir die Begegnung mit einem Leichenwagen in ein gutes Zeichen und Glückssymbol um, in naiver Verwandlung des Gefürchteten in ein gutes Omen. Wir wollen nicht an Tod und Sterben erinnert werden. Wie Kinder meinen wir, auf magische Weise den Tod bannen zu können, wenn wir nicht von ihm sprechen. Die Neigung, ihn zu leugnen, hat in Amerika schon grotesk anmutende Formen angenommen, indem man die Toten so weit wie möglich auf lebend herrichtet, damit sie möglichst wenig tot aussehen. Wie über den Einzelnen, sagt es auch über eine Kultur viel aus, wie sie zum Tode steht.

Und wie ist es bei uns? Wenn ein alter, vielleicht kranker Mensch vom Sterben spricht, pflegt die Umgebung das zu bagatellisieren, was dann oft eine Atmosphäre der Unaufrichtigkeit und Heimlichkeit entstehen lässt mit wechselseitigen Projektionen. Der Kranke ahnt, dass man ihm etwas verheimlicht, fürchtet, dass es vielleicht schlechter um ihn steht, als er selbst meint, und dass man ihm das nur nicht sagen will. Die Umgebung fürchtet, er könne das meinen, und bemüht sich noch mehr, das Gegenteil zu beweisen. In schlimmen Fällen bestehender schwerer Ambivalenzen kann es zu sehr quälenden Projektionen, zu Misstrauen und zu einem gegenseitigen Belauern kommen.

Wenn es auch keine Regel für das Verhalten gibt, muss man doch die Frage stellen, ob es für alte Menschen nicht eine größere Hilfe wäre, die Möglichkeit ihres Todes mit den nahen Angehörigen ruhig besprechen zu können – je weniger man das glaubt tun zu dürfen, umso fragwürdiger pflegt die gegenseitige Beziehung zu sein. Der alte Mensch kann sich dann allein gelassen fühlen, als wenn sein möglicher Tod nur ihn allein anginge. Natürlich ist die bisher gelebte Partnerschaft hier ausschlaggebend. Wieder gibt es keine allgemein gültige Regel des Verhaltens. Vor allem für den Arzt ist es oft schwierig, die für einen Kranken richtige Haltung zu finden – manche wollen genau wissen, wie es um sie steht, manche wollen getröstet sein oder getäuscht werden, und wer hat schon das Recht, hier von sich aus zu entscheiden, was „richtig“ ist?

Ein anderes Problem ist es, das Leben Leidender um jeden Preis zu erhalten, zu verlängern. Man hat dabei oft das Gefühl, dass es den Ärzten mehr darauf ankommt, ihr Können zu beweisen, als dem Kranken wirklich etwas Gutes zu tun, oder aber, dass wir einer Moral unterliegen, die etwas Fragwürdiges hat.

Was haben uns moderne Wissenschaften über das Alter und den Tod zu sagen? Die Psychoanalyse, der wir so viel Wissen über den Menschen verdanken, enttäuscht uns hierin. Freud hat mit seinem Bekenntnis zur „absoluten Determiniertheit“ alles Gewordensein, alle Zukunft immer nur auf die Vergangenheit bezogen und aus ihr erklärt. Folgerichtig ist für viele Psychoanalytiker Freud'scher Richtung Alter und Tod „nichts anderes“ als eine Wiederholung, eine Neuauflage früherer Erfahrungen. Die Todesangst wird gedeutet als Wiederholung frühkindlicher Ängste, als eine Abwandlung der Kastrationsangst. Wer das nicht glaubt, hat es eben verdrängt oder kennt sich im Unbewussten nicht aus. Mit erstaunlicher Naivität werden hier aus überwertigem Kausalbedürfnis verschiedene Erlebnisvorgänge einfach gleichgesetzt. Freilich, man kann das weder beweisen noch widerlegen, und in diesem Zwischenland der Möglichkeiten und Hypothesen wächst manches seltsame Gebilde. Mit dem Unbewussten hat man immer ein theoretisches Alibi, auf das man sich zurückziehen kann.

Es ist eines der Verdienste von C. G. Jung, dass er dem Menschen innewohnende Entwicklungstendenzen erforscht hat, die gerade auch für die zweite Lebenshälfte wichtig sind. Er hat darauf hingewiesen, dass der Mensch um die Lebensmitte oft zur Entfaltung bisher vernachlässigter Fähigkeiten neigt, aus einem Bedürfnis nach Abrundung, Vollständigkeit und Ganzheit. Er prägte die Vorstellung vom Individuationsprozess, von der Selbstfindung und Selbstverwirklichung und hat gezeigt, wie sich diese Prozesse in Träumen und Symbolen ankündigen.

Von welchen Auffassungen man sich auch angesprochen fühlt, uns soll hier nur das Verwobensein von Anlage, Vergangenheit und den von Jung beschriebenen finalen Ausrichtungen im Menschen interessieren. Zweifellos reichen auch in das Alter unsere Vergangenheit und damit Kausalzusammenhänge hinein, ist vieles die Folge von früher Erlebtem, Erfahrenem und Getanem. Aber ebenso zweifellos hat das Alter auch etwas Besonderes, das sich nicht nur aus der Vergangenheit erklären lässt. Sicher ist unser Leben ein Thema mit Variationen. Wir werden nie ein ganz anderer, als der wir waren und sind. Aber es gibt „Variationen", die über das Grundthema (und ist es wirklich nur eines?) so weit hinausführen, dass es kaum noch herauszuhören ist. So steht dem Wiederholungszwang auch immer das Wandlungsbedürfnis gegenüber; aus dem Zusammenwirken beider formt sich unser Leben.

Vielleicht lässt sich das an einem Gleichnis verdeutlichen: Wir sind Bewohner einer Welt, in der die Planetenbahnen mit äußerster Exaktheit verlaufen, auf weite Zukunft daher vorausberechenbar. Ohne diese verlässliche Vorausberechenbarkeit wäre zum Beispiel die Mondlandung unmöglich gewesen. Würde der Mond auch nur für kurze Zeit sein Bahngesetz verlassen, „aus der Reihe tanzen", hätte ihn die Mondrakete nie erreichen können. Aber trotz dieser Verlässlichkeit und Exaktheit der Planetenbahnen ist praktisch kein Zeitmoment dem anderen gleich und den jeweiligen Konstellationen von Planeten zueinander, was, im Gegensatz zu einem starren Wiederholungszwang des ewig Gleichen, ein großartiges Bild für eine lebendige Ordnung ist, die lebendige Variationen eines Grundthemas statt mechanisch-starrer Wiederholung derselben Konstellationen enthält. Wenden wir das als symbolische Analogie auf unser Leben an, hieße es, ebenfalls in solcher lebendigen Ordnung zu leben, in einer Ordnung und Gesetzmäßigkeit bei gleichzeitiger Vielfalt und Wandlung – also weder Willkür noch Starre.

Vielleicht kommt der aristotelische Begriff der Entelechie der Vorstellung am nächsten, wonach es in der menschlichen Natur so etwas gibt wie ein „aktives Prinzip, welches das Mögliche erst zum Wirklichen macht und dies zur Vollendung, zum Ziel seines Daseins bringt". Und weiter: „Es ist das, was die Selbstverwirklichung des Wesens in der Erscheinung bewirkt, die aus dem Innern wirkende Gestaltungskraft" (zitiert nach dem „Philosophischen Wörterbuch" von Heinrich Schmidt). Diese Auffassung schließt natürlich die Kausalität nicht aus, bringt aber zusätzlich einen finalen Gesichtspunkt, ein aus sich heraus zielstrebiges Gestaltungsprinzip in die Entwicklung, das sich aus Kausalzusammenhängen allein nicht erklären lässt. Die Gedanken Teilhard de Chardins setzen ein ähnliches Prinzip auch für die Menschheitsentwicklung im Ganzen an.

Wenn der Mensch also nicht nur aus einer kausalen Bedingtheit, aus seiner Vergangenheit erklärt werden kann, sondern „auf die Zukunft hin entworfen ist", im Sinne einer dem Seelischen innewohnenden Zielstrebigkeit, dann lohnt es sich, sich hier noch einmal C. G. Jung zuzuwenden, dessen Psychologie ja in einem gewichtigen Teil auf der Beachtung und Entdeckung dieses Prinzips beruht.

In seinem Buch „Das Phänomen C. G. Jung" (1993) hat der Jungianer Anthony Stevens das Prinzip der Zielstrebigkeit in der Psyche (das so genannte *final-prospektive* Prinzip) aufgegriffen und in eine Entwicklungspsychologie eingebunden, indem er die typischen angeborenen Aufgaben der einzelnen Lebensphasen als arteigene „archetypische Programme" kennzeichnet. Hierbei steht das „Selbst" im Mittelpunkt, das als unser Persönlichkeitszentrum Entwicklung, Wachstum und Reifung steuert, im Sinne einer sich selbst regulierenden Fähigkeit unserer Psyche. So gehen vom Selbst auch die kreativen Impulse aus, die es durch verantwortliche „Selbstauseinandersetzung“ und „Selbstannahme“ zu integrieren gilt. Stevens legt die zunächst abstrakt anmutende Formel von der „Verwirklichung des Selbst“, der Individuation, konkret am Beispiel der verschiedenen Lebensabschnitte von Jung selbst dar, der im Alter sogar eine besondere schöpferische Periode hatte. Seine tiefsten und einflussreichsten Werke wurden erst ab seinem 65. Lebensjahr publiziert.

Die Kunst der Selbstannahme verleiht auch und gerade im Alter dem Leben Sinn und Tiefe. In diesem Lebensabschnitt mehren sich die Erfahrungen der Vergänglichkeit: Freunde werden schwer krank oder sterben. Die Kinder sind schon lange aus dem Haus. Stirbt auch noch der geliebte Partner, wird es einsam um einen herum. Das Leben in diesem Altersabschnitt ist also gekennzeichnet durch viele kleine und größere Verlusterfahrungen, die – das überrascht zunächst – bei tieferer Betrachtung nicht nur Mangel und Einschränkung mit sich bringen müssen.

Jung beschreibt diese Erfahrungen in seinem Aufsatz „Seele und Tod“ (GW 8, § 796) so: „Aber wenn man allein ist, und es ist Nacht und so dunkel und still, dass man nichts hört und nichts sieht als die Gedanken, welche Lebensjahre addieren und subtrahieren, als die die lange Reihe jener unangenehmen Tatsachen, welche erbarmungslos beweisen, wieweit der Zeiger der Uhr vorgerückt ist, als das langsame und unaufhaltsame Näherkommen jener schwarzen Wand, welche alles, was ich liebe, wünsche, besitze, hoffe und erstrebe, endgültig verschlingen wird, dann verkriechen sich alle Lebensweisheiten in ein unauffindbares Versteck, und Angst fällt auf den Schlaflosen wie eine erstickende Decke.“

Jung verweist dann auf seine therapeutische Erfahrung, dass gerade jene jungen Leute, welche das Leben fürchteten, später ebenso an Todesangst leiden. Genau betrachtet befinden sie sich in einem Konfliktzustand gegenüber den „Erfordernissen des Lebens", die in der Jugend in der Existenzbewältigung (die Existenz zu wagen und zu gestalten) und im Alter in der rechten Anerkenntnis der Endlichkeit und des Todes liegt. Um Letztere erreichen zu können, muss natürlich das Leben zunächst auch gelebt worden und den „Erfordernissen des Lebens" auch Genüge getan sein, sonst entsteht jene Angst, die aus dem Gefühl des selbstbereiteten Mangels, des „nicht gelebten Lebens" entsteht.

Die Dinge des Lebens, die uns lieb und teuer sind, die wir uns aufgebaut und erworben haben, erhalten zudem ihren besonderen Wert ja erst durch den Aspekt ihrer Endlichkeit, der im Alter noch deutlicher hervortritt: Das Leben daher bewusster wahrzunehmen, darin liegt die Chance des Alters.

Jeder Lebensabschnitt, ja jeder Reifungsschritt im Leben hat eine spezifische Urangst, die es als Herausforderung zu überwinden gilt (Kleespies 2003). Wird die Herausforderung nicht angenommen, resultiert daraus eine Angststörung.

Der „freiwillige Nesthocker" etwa, der sich von zu Hause nicht lösen kann, vermag nicht in die Expansion, in den Lebenskampf zu gehen, weil er den Verlust an elterlichem Schutz und Geborgenheit fürchtet, sich selbst zu vertrauen und zu vertreten nicht gelernt hat und weil er Angst vor Wandlung hat.

Die typische Urangst im Alter besteht ebenfalls in einer Verlustangst – nämlich endgültig „alles" zu verlieren – das eigene Leben eingeschlossen. Was sollte es da für einen Trost geben?

Eine zu enge Ausrichtung auf das Leben und dessen Bedrohung durch den Tod lässt keinen Spielraum, für sich auch im Tod ein sinnhaftes Geschehen zu erkennen. In Jungs Worten (GW 8, § 797): „Aber man ist dermaßen überzeugt, dass der

Tod einfach das Ende eines Ablaufes ist, dass es einem in der Regel gar nicht bekommt, den Tod ähnlich als Ziel und Erfüllung aufzufassen, wie man es bei den Zwecken und Absichten des aufsteigenden, jugendlichen Lebens ohne weiteres tut." Er fragt dann: „Dem Aufstieg des Lebens billigen wir Ziele und Sinn zu, warum nicht dem Abstieg?" (GW 8, § 803)

Die Sinnhaftigkeit unseres Lebens umschließt also auch unseren Tod als einen ganz natürlichen Teil unseres Lebens. In diesem Zusammenhang bedeutet „Selbstannahme" auch die Anerkenntnis und das Vertrauen auf die „Zielstrebigkeit" und uralte Gesetzmäßigkeit unserer Psyche, die nicht nur in der Entfaltung unseres Lebens, sondern auch in dessen natürlicher „Rücknahme", in dessen Ende liegt. „Mit dem Leben zu sterben", wie es Jung formuliert hat, bedeutet, Leben und Tod für sich als sich wechselseitig benötigendes Gegensatzpaar anzuerkennen. Die Flugbahn eines Geschosses dient als Symbol zur Beschreibung unserer „Lebenskurve": Genauso zielstrebig wie der Aufstieg vollzieht das Geschoss auch seinen Abstieg. Nur hinken wir gern psychologisch hinterher und wollen uns lieber an der aufsteigenden Linie aufhalten, ja klammern uns manchmal daran, was am Beispiel des verkrampften „Jugendlichseins" deutlich wird.

Wenn es nun um eine „Kunst des Alterns" geht, dann erfährt sie angesichts des Todes dort ihre größte Herausforderung. Der Philosoph Wilhelm Schmid betont in seinem Buch „Philosophie der Lebenskunst", ähnlich Jung, dass der Tod als Grenze dem gesamten Leben erst Form und Bedeutung gibt. Daraus, dass diese Grenze auf jeden Fall gezogen ist, bezieht der Mensch seine entscheidende Motivation zur Gestaltung des Lebens: „Die Lebenskunst geht mit der Kunst des Sterbens einher, das Lebenswissen mit dem Sterbenwissen ... Paradoxerweise verdanken wir dem Tod das Leben, das wertlos wäre, wenn es nicht den Widerspruch des Todes erführe, der das Leben fühlbar macht."

„Selbstannahme" bedeutet daher auch das Selbstvertrauen, dass in der eigenen Psyche nicht nur die Bewältigungsmechanismen des Lebens vorhanden sind, sondern dass wir darauf vertrauen können, dass in uns grundsätzlich auch die Möglichkeiten zur Bewältigung des Alters und schließlich des Todes angelegt sind, im Sinne eines „archetypischen Programms", in Jahrtausenden gewachsen aus der kollektiven Erfahrung der Menschheit, welches sich, wenn die Zeit gekommen ist, (als potentielles Angebot) schon rechtzeitig einschaltet und – von jedem, der sich darauf einstellt – auch „vernommen" werden kann.

Eine wichtige Aufgabe einer „Psychotherapie des Alters" ist sicherlich, dass der Psychotherapeut dabei behilflich ist, diese angelegten Ressourcen zu „entdecken" und freizulegen. Wollte er selbst für seine Patienten bestimmen, worin genau die Lösung ihrer Altersprobleme und Todesängste liegt, würde er sich übernehmen und über gut gemeinte Ratschläge kaum hinauskommen.

Die Menschheit hat angesichts des Todes in Form der Religion kollektive Antworten gefunden; die Mehrzahl dieser Religionen lassen sich als komplexe Systeme der Vorbereitung auf den Tod sehen.

Jung selbst geriet in den Grenzbereich der Todeserfahrung, als er mit achtundsechzig Jahren einen Herzinfarkt erlitt und in dessen Gefolge eine Reihe von Träumen und Visionen hatte, die ihn tief erschütterten. In ihrer Essenz bestärkten sie ihn in seiner Überzeugung eines die Zeit überdauernden „Selbst". Seine Grenzerfahrung geriet ihm zu einer wahrhaft religiösen Erfahrung. In seinen „Erinnerungen" sagt er: „Die entscheidende Frage für den Menschen ist: Bist du auf Unendliches bezogen oder nicht? Das ist das Kriterium seines Lebens. Nur wenn ich weiß, dass das Grenzenlose das Wesentliche ist, verlege ich mein Interesse nicht auf Futilitäten und auf Dinge, die nicht von entscheidender Bedeutung sind."

Letztlich vertritt Jung die Meinung, dass die Antworten und die für uns fruchtbaren Herangehensweisen an alle wesentlichen Fragen unseres Lebens in uns angelegt sind, wenn wir es nur lernen, in der rechten Weise auf uns einzugehen, und sei es, dass wir – uns erweiternd – dabei auf innere Nahtstellen zur Religion stoßen, darüber aber nicht den Blick für unsere Mitmenschen verlieren, wo wir auch im Sinne einer Schicksalsgemeinschaft uns gegenseitig unterstützen können.

Schicksalsgemeinschaft als Erleichterung

Ein altes lateinisches Sprichwort lautet „Solamen miseris, socios habuisse malorum“ und bedeutet so viel wie: Es ist den Unglücklichen ein Trost, im Elend Leidensgenossen zu haben. Immer schon haben sich Leidensgenossen zusammengefunden, haben sich gegenseitig gestützt und geholfen, die Arbeiter, die Schwarzen, die Unterdrückten oder andere Gruppen mit gemeinsamen Nöten. Schicksalsgemeinschaft lässt uns unsere Lage leichter ertragen; wir sind dann nicht mehr so allein, und der Trost, dass es anderen genauso wie uns ergeht, ist allein schon eine gewisse Erleichterung und Hilfe. Aber aus der Notgemeinschaft können auch neue Ideen entstehen; das gemeinsame Bemühen um Abhilfen, Versuche, die Situation zu ändern, etwas gegen sie zu unternehmen, wozu der Einzelne allein nicht in der Lage ist oder nicht genügend Macht hat. Dies kann Dinge möglich machen, die sonst nicht möglich wären. Die Quantität ist immer auch eine Macht, der manches gelingen kann, was dem Einzelnen nicht gelingt.

Auch das Alter vereinigt Menschen zu einer solchen Schicksalsgemeinschaft, die sich in gegenseitiger Hilfe um auftauchende Probleme bemüht, anstatt jeden für sich sein Problem lösen zu lassen.

Charlotte Bühler spricht in ihrem Buch „Wenn das Leben gelingen soll“ über „das geradezu erstaunliche Aufleben von Menschen hohen Alters in den USA, und zwar infolge der dort allen offen stehenden und von sehr vielen besuchten allgemein bildenden Lehrkurse auf nahezu sämtlichen Gebieten, vor allem aber auch infolge der Kurse, die der Erweckung unausgebildeter Potentialitäten im Alter dienen“. Wenn schon der Staat bei uns hierin weitgehend versagt und sich aus finanziellen Gründen immer mehr aus sozialen Aufgaben zurückzieht, so bilden sich doch auch bei uns ermutigende Ansätze im Sinne der schon erwähnten Eigeninitiative. So zeigt sich im Bild der „renitenten Alten“, die sich mittlerweile sogar in einer eigenen

Partei (die „grauen Panther“) organisieren, dass gerade die kämpferische Eigeninitiative einen Wert für sich darstellt. Es sollten auf dieser Basis noch mehr Organisationen und Anlaufstellen geschaffen werden, an die sich ältere und alte Menschen wenden können, wie vergleichsweise die Jungen an das Arbeitsamt und an Berufsberatungsstellen, und die je nach den Bedürfnissen, Möglichkeiten, Interessen und Begabungen der Betreffenden ihnen Ratschläge erteilt, was, wo und wie sie diesen Neigungen nachgehen können.

Die passive Resignation, das Bedürfnis nach Ruhe und Frieden, oder ein oft religiös getarntes Hinnehmen des Schicksals scheint, ebenfalls nach Untersuchungen von Charlotte Bühler, besonders in Deutschland häufig zu sein. Die Telefonseelsorge, die eine Instanz ist, an die sich Menschen in Not wenden können, könnte hier eine neue Funktion übernehmen als eine Stelle, an die man sich zuerst einmal wenden und von der man gezielt weiterverwiesen werden könnte, denn viele alte Menschen haben zwar durchaus noch aktive Bedürfnisse, wissen aber nicht, wohin sie sich wenden können, wer sie beraten kann.

Immerhin können bereits interessierte ältere Menschen, die nicht mehr berufstätig sind, ohne große Formalitäten und Vorbildung nicht nur an Kursen der Volkshochschule, sondern auch an Vorlesungen der Universität teilnehmen. Sie können sich so nicht nur weiterbilden, sie bleiben dann auch im Kontakt mit der Jugend und am „Puls der Zeit“, können an Diskussionen teilnehmen und vielleicht sogar Wichtiges dazu beitragen. Allerdings muss bedacht werden, dass viele ältere Menschen aus Gründen innerer Hemmnisse und Ängste an den angebotenen Aktivitäten nicht teilnehmen können (vgl. Kap. „Das Nicht-loslassen-Können“). Sie therapeutisch zu erreichen und die inneren Blockaden und die neurotische Passivität, die sich oftmals über Angst und Depression äußert, abbauen zu helfen, stellt eine wichtige Aufgabe dar. Sie könnte etwa schon beim Hausarzt beginnen, der bei entsprechender Weiterbildung die vorliegenden Probleme erkennen und gemäß seiner von der gegenwärtigen Gesundheitspolitik gewünschten „Lotsenfunktion“ zum „Fachmann“ überweisen könnte.

Sind physische Altersprozesse die Auslöser von seelisch-geistigem Rückgang, oder ist seelisch-geistige Resignation, Teilnahmslosigkeit und Desinteressiertheit Auslöser, zumindest Beschleuniger physischer Altersprozesse? Diese Frage sollte eingehender untersucht werden. Die angeführten Erfahrungen Charlotte Bühlers über das Aufleben im Alter bei sinnvoller Tätigkeit und wachen Interessen sprechen für die zweite Möglichkeit. Es ist wohl kein Zufall, dass Menschen mit einer sie befriedigenden Tätigkeit so oft Altershochleistungen vollbringen. Sie bleiben dadurch lebendiger, während Pensionäre, die sich auch innerlich zur Ruhe gesetzt haben, am ehesten vergreisen.

Viele Ärzte sind im Allgemeinen nur zu bereit, die körperlichen Vorgänge überzubewerten. Es ist natürlich auch viel einfacher, jemandem zu sagen: Sie sind eben 60 oder 70 und müssen sich damit abfinden; Sie haben Verkalkungserscheinungen, sollten sich zur Ruhe setzen, es handelt sich um typische Alterserscheinungen usw., als sich einmal eingehender nach seinen Lebensumständen, seiner Situation und Lebensweise zu erkundigen und daraus vielleicht zu verstehen, was den Einzelnen verfrüht altern lässt: Leere, Untätigkeit, Interesselosigkeit, Einsamkeit. Damit wären allerdings viele Ärzte überfordert, nicht nur aus Zeitmangel, sondern auch, weil sie auf solche Dinge im Allgemeinen gar nicht eingestellt und vorbereitet sind. Es ist dabei ähnlich wie in der nur naturwissenschaftlich eingestellten Medizin: Sie behandelt Symptome, ohne viel nach deren Auslösern zu fragen, wenn diese nicht wiederum mit den üblichen medizinischen Kenntnissen erfassbar sind. Sie sieht das Organ, ohne die Ganzheit und den symbolischen Ausdrucksgehalt des Organs und der Erkrankung zu sehen. Sie verordnet Mittel, ohne sich für die Lebenssituation des Betreffenden zu interessieren und darin vielleicht die Auslöser der Erkrankung zu finden, wie es die psychosomatische Medizin versucht. Natürlich bestätigen auch hier Ausnahmen die Regel.

Wie viele alte Menschen schaffen sich irgendein Leiden an und gehen zum Arzt, weil dies die einzige Möglichkeit für sie ist, zu erleben, dass sich jemand um sie kümmert, und sie einmal mit einem Mitmenschen über ihre Sorgen sprechen können! Die Krankenhäuser vertreten für viele alte Menschen eine Mutterfunktion. Sie lassen sich in ihnen pflegen und umsorgen, und je einsamer und hilfloser sie sich draußen fühlen, umso schwerer gesunden sie.

Eine weitere Möglichkeit, Schicksalsgemeinschaft als Erleichterung zu benutzen, bieten die bereits erwähnten Gruppen. Es liegt auf verschiedenen Gebieten der Gruppentherapie und aus Selbsterfahrungsgruppen die Erkenntnis vor, dass die Zusammenfassung von Menschen mit ähnlichen Schicksalen und Problemen in Gesprächsgruppen sehr hilfreich sein kann. Gruppen mit schwangeren Frauen, mit Erstgebärenden während der Schwangerschaft, mit kinderlosen Frauen und auch mit Menschen, die das gleiche Leiden haben, insbesondere wenn es sich um psychosomatische Beschwerden handelt, haben das erwiesen. Da eine solche Gruppe Menschen mit ähnlichen Problemen, Symptomen, Hemmungen oder Sorgen zusammenbringt, brauchen sie sich – was meist schon nach kurzer Zeit der Fall ist – nicht voreinander zu schämen, wie sie es vor Menschen tun würden, die diese Probleme nicht haben. Es können dann Dinge herauskommen, die so niemand sonst erfahren hätte. So kann das Gemeinsame des Schicksals und die Bereitschaft zur Offenheit eine Selbst- und Fremdhilfe bedeuten, die oft so gezielt, sinnvoll und aufschlussreich ist, wie sie nur von Menschen kommen kann, die aus eigener Erfahrung sprechen.

So wären Altersgruppen zu schaffen unter der Leitung älterer Psychotherapeuten, wie man Jugendgruppen und andere Problemgruppen geschaffen hat, wo im gegenseitigen Gespräch, in Aussprachen eine ganze Gruppe sich um Selbst- und Fremdverständnis und um wechselseitige Hilfe bemüht. Das kann für viele alte Menschen eine große Erleichterung bedeuten. Sie kommen mit anderen regelmäßig zusammen und haben die Möglichkeit der Aussprache in einem mitmenschlich wohlwollenden Rahmen mit solchen, die ebenfalls um Verständnis bemüht sind. Die Gruppenmitglieder korrigieren sich gegenseitig, wo es nötig ist, machen sich auf Fehlhaltungen, falsche Einstellungen und Erwartungen oder Verhaltensweisen aufmerksam. So von anderen ohne Bosheit gespiegelt, können sie sich besser selbst erkennen und erfahren, wie sie auf andere wirken, was an ihnen andere vielleicht reizt, sie stört oder ihnen unverständlich ist. Der Gruppenleiter hätte dabei vorwiegend die Funktion, etwa aufkommende Affekte, die den Sinn der Gruppenwirkung gefährden würden, zu kontrollieren und eingreifend aufzufangen, im Übrigen dafür zu sorgen, dass die Gespräche nicht verflachen und zum Geschwätz werden. Vielleicht gelingt es solchen Gruppen sogar, für die speziellen Probleme des Alters neue Gesichtspunkte zu erarbeiten, aus denen prophylaktische oder sonstige sozial wichtige Schlüsse gezogen werden können. Auch andere Aktivitäten sind in solchen Gruppen möglich, wie etwa gemeinsames Besprechen von Träumen, gemeinsame Meditation, Malen oder Kneten.

Neben solchen Altersgruppen kann aber auch die Einzeltherapie oder das Einzelgespräch – eventuell auch in Kombination mit einer Gruppe – mit alten Menschen sehr sinnvoll werden. Es kann manchmal sogar fruchtbarer sein als mit jüngeren

Menschen. Denn der ältere Mensch ist im Allgemeinen dankbarer, wenn man sich seiner annimmt, und bemüht sich daher oft mehr, stellt sogar weniger Ansprüche. Er hat oft schon weitgehend resigniert und sich in das ergeben, was er als sein Schicksal glaubt annehmen zu müssen, und kann nun plötzlich erleben, dass in ihm noch ungenutzte Möglichkeiten an Lebendigkeit, an Interessen und innerer Selbsterfahrung liegen, dass vielleicht sogar für unabänderlich angesehene Probleme sich eine Lösung finden lässt, zumindest eine andere Einstellung zu ihnen. Er ist auch oft bereiter als jüngere Menschen, sich den unbewussten Schichten seiner Seele zu öffnen, weil er nicht mehr so in Alltagssorgen verhaftet ist, weniger Widerstand gegen das Irrationale hat, weniger „Sicherheit" im Bewusstsein der eigenen Macht und des eigenen Wissens –weil dies alles gegen das Alter hin ohnehin oft als fragwürdig, zumindest als nicht ausreichend erlebt wird –, und schließlich hat er manchmal einen ungestörteren Zugang zur Innenwelt, kann Dinge in sich nachklingen lassen, ohne dass der Alltag sie gleich wieder zudeckt.

Manchmal hat man bei solcher tiefenpsychologischen Arbeit mit Menschen nach der Lebensmitte geradezu das Gefühl, dass sie nur auf einen solchen Impuls gewartet haben, dass in ihnen sehr viel bereitlag, was nur angesprochen zu werden brauchte, um in Gang zu kommen. Über den Traum können sich ihnen neue Einsichten ergeben. Allein schon das Umgehenlernen mit den Träumen kann etwas Faszinierendes haben und das wachsende Verständnis ihrer besonderen Sprache zu einer Auseinandersetzung oder Begegnung mit sich selbst führen, die manchen das Gefühl gibt, eine völlig neue Welt kennen zu lernen, was sie darüber hinaus zur Beschäftigung mit entsprechenden Büchern anregt. Das entspricht einer „intendierten Individuation" im Jung'schen Sinne als einer aktiven und eigenverantwortlichen Sorge und Fürsorge um sich selbst. So können sie ein Stück Reifung vollziehen und über ihr Unbewusstes gleichsam das Angeschlossensein an kollektiv-seelische Phänomene erleben. Im Nacherleben werden viele Zusammenhänge der eigenen Biographie deutlich, und wer die Bereitschaft hat, sich von seinen Träumen führen zu lassen, auf die innere Stimme zu hören und sich echt mit sich selbst auseinander zu setzen, kann Reichtümer in sich entdecken, von denen er nichts wusste.

Auch als Vorbereitung für das Alter und den Tod kann eine solche Arbeit wichtig werden. Abgesehen von helfenden Träumen kann allein schon das Zulassen und Durchsprechen der Ängste lösend wirken. Der Therapeut ist manchmal dabei fast nur staunender Zuhörer. Es genügt oft, dem anderen die Bereitschaft des Zuhörens zu vermitteln, die das nötige emotionale Gefälle ermöglicht, damit solche Prozesse in Fluss geraten, und manchmal weiß man nicht mehr, wer der Gebende, wer der Empfangende ist. Wer sich so mitteilen kann, erlebt oft eine neue Dimension inneren Ernstes. Aber auch bestehende mitmenschliche Probleme können so neu erlebt werden und vielleicht eine Antwort finden. Die bei alten Menschen so oft zu findende Selbstbezogenheit kann zu einer Selbstvergessenheit führen, die wohl eine der Gnaden des Alters ist.

Von den Tugenden des Alters

Gelassenheit sei die Tugend der Reife, hat Manfred Hausmann einmal gesagt und damit vielleicht die wichtigste Tugend des Alters benannt. Gelassenheit befähigt uns zu größerer Toleranz anderen und uns selbst gegenüber. Sie ist ein Aspekt der Liebesfähigkeit. Im Geltenlassen des Andersseins anderer nähern wir uns schon einem liebenden Verstehen, einer größeren Güte und Milde. Die schon erwähnte Möglichkeit, nun vieles sub specie aeternitatis sehen zu können, hängt eng hiermit zusammen. Größere Toleranz bedeutet aber keineswegs ein schwächliches alles Annehmen; im Gegenteil kann uns gerade das Alter aus unseren Erfahrungen unbestechlicher machen und den Blick schärfen für das Wahre und Gute. Aber toleranter können wir nur sein, weil wir weniger affektiv in vieles verstrickt sind und so eine größere Distanz und die Möglichkeit zu größerer Objektivität haben.

Eine weitere Tugend des Alters ist eine neue Liebesfähigkeit, die wir entwickeln können. Ist auf der einen Seite die Gefahr groß, dass wir im Alter egoistischer werden, nur noch auf uns und unser Wohlergehen bedacht, wie wir es bei der Hypochondrie schon angedeutet hatten, so besteht doch andererseits die Chance einer neuen Liebesfähigkeit dadurch, dass wir uns selbst nicht mehr so wichtig sind, uns nicht mehr so wichtig zu nehmen brauchen, und damit, um es psychoanalytisch auszudrücken, ein Stück unseres Narzissmus aufgeben können, unserer Eigenliebe, unserer Ichhaftigkeit. Wie alle Entwicklungen fällt uns auch diese nicht einfach zu, und dass sie im Alter nicht gerade häufig zu finden ist, zeigt nur, dass wir uns darum bemühen müssen. Wenn Carl Spitteler sein Alterswerk „Prometheus der Dulder“ mit den Worten „Ich – Alle“ ausklingen lässt, liegt darin jene Ausweitung der Eigenliebe zur All-Liebe, und vielleicht ist diese neue Liebesfähigkeit zuletzt Ausdruck von Dankbarkeit, der Dankbarkeit für das gelebte Leben und dafür, was es uns gegeben hat.

Wenn die Psychoanalyse mit den Worten Freuds sagt, dass in der Entwicklung nach der Geburt zunehmend dort Ich werden solle, wo früher Es war, womit die wachsende Bewusstseinsfähigkeit in unserer Entwicklung gemeint ist, könnte man nach der zweiten Lebenshälfte und im Alter diesen Satz umkehren und fordern: Wo Ich war, soll Es werden – allerdings nicht in dem engen Sinne, in dem die Psychoanalyse meist das Es verwendet, sondern mehr im Sinne des kollektiven Unbewussten, wie es Jung meint, im Sinne des „großen Es", zu dem wir unser Ich nun wieder weiten sollen, zu dem „großen Es", aus dem wir kommen. Das ergäbe das Bild eines sinnvollen Kreislaufs: Mit der Geburt tauchen wir aus dem großen Es allmählich auf, entwickeln unser Ichbewusstsein; nach der zweiten Lebenshälfte sollten wir unser Ich allmählich wieder loslassen, um uns ausweiten zu können für die überindividuellen Bezüge unseres Daseins.

Das führt uns zu einer weiteren Alterstugend, zu der Fähigkeit des Transzendierens, also der Ausweitung unserer Ichgrenzen ins Überpersönliche. Ob das in einer religiösen Form geschieht, ob über die Erkenntnis, über mystische Erlebnisse, über die Meditation oder eine große Liebe – das Erleben des Transzendierens gehört wohl zu den schönsten Werten des Alters. Liegt die Gefahr des Alters in zunehmender Ichbesessenheit, im krampfhaften Festhalten an der eigenen Ichhaftigkeit, so seine Chance in der Ichvergessenheit, durch die jenes Erleben des Transzendierens unter anderem ermöglicht wird. Solche Selbstvergessenheit macht uns durchlässig für Erlebnisse, zu denen wir sonst keinen Zugang hatten – die Mystik weiß am meisten hierüber zu sagen, auch über die Erschütterungen und Beglückungen, die in solchem Erleben liegen können.

Es geht um die Ausweitung unseres Bewusstseins durch Selbstvergessenheit, um das Transzendieren, um jene Ausweitung der Grenzen unserer Individualität in ein Umfassenderes, Überpersönliches.

Über der Eroberung und Beherrschung der äußeren Welt hat zumindest die westliche Kultur die Innenwelt vernachlässigt, die „andere Seite“ unseres Daseins. Aber es scheint, als käme es zu einer neuen Besinnung in dieser Hinsicht, zu einer wieder entdeckten Sehnsucht nach diesen Bereichen. Erlaubte unser Leben mit seinen Pflichten es lange Zeit nicht, uns mit diesen Dingen tiefergehend zu beschäftigen, so liegt hier wieder eine Chance des Alterns, uns dafür freizugeben.

Das Annehmen der Vergänglichkeit, des memento mori – wenn wir es nicht als banale Redensart nehmen –, kann uns in neuem Maße empfänglich machen. Wie bei jedem Abschied haben wir grundsätzlich zwei Möglichkeiten des Verhaltens. Wir können an dem, was wir aufgeben müssen, so hängen, dass wir gar nichts anderes sehen, nur den Verlust. Wir werden dann nicht nur mehr leiden, sondern auch nicht sehen und vertieft erleben, was für eine Spanne Zeit wir noch haben; die Trennungs- und Verlustangst überdeckt und überschattet dann alles. Wir können aber auch mit dem Bewusstsein, Vertrautes verlassen zu müssen, es mit aller Intensität noch in uns aufnehmen und es dann vielleicht anders erleben, neue Züge daran entdecken, die uns bisher entgingen, solange alles selbstverständlich und scheinbar von Dauer war. Das kann im Alter zu einer größeren Intensität und Dichte des Erlebens führen, vielleicht auch zur Dankbarkeit für das, was man noch hat. All das sind Chancen des Lebens nach der Lebensmitte und im Alter oder, vorsichtiger gesagt, können es sein. Es ist wohl ein psychologisches Gesetz, dass wir das tiefer erleben, was zeitlich begrenzt ist, und diese Erlebnistiefe kann ebenfalls eine der Alterstugenden sein.

Das hängt wieder eng zusammen mit einer weiteren Alterstugend: der Bedürfnislosigkeit. Auch diese wird uns nicht einfach vom Alter geschenkt, sondern sie will erworben sein und muss sich durchsetzen gegen den Impuls, nun gerade noch möglichst viel vom Leben „haben“ zu wollen, den wir früher im Zusammenhang mit der Panik schon erwähnten. Das Nachlassen des Begehrens im weitesten Sinne, des Habenwollens ist ein Anzeichen der Altersreife. Man kann auch sagen, dass sich das Habenwollen mehr in ein Gebenwollen verwandeln sollte, in schenkende Haltungen. Dieses Umlernen, eine solche Haltungsänderung trägt mehr als man glaubt dazu bei, ob das Alter von uns als sinnvoll erlebt wird. Im Begriff der Panik liegt schon das Überranntwerden von Angst, die immer größer wird, je mehr man festhalten oder noch haben will. Nicht nur, dass man sich damit unnötig quält, man lebt dann auch am Sinn des Alters vorbei.

Von der geistigen Freiheit im Alter

Die vielleicht größte Chance des Alters liegt in der geistigen Freiheit. In unserer Gesellschaft – wie wohl in jeder sozialen Gemeinschaft – muss der Einzelne in verschieden großem Ausmaß Rücksichten nehmen, aus Klugheit, Diplomatie oder Pragmatismus, aus Opportunismus, Notwendigkeit oder Konvention. Im Alter sind wir im Allgemeinen unabhängiger und können es uns leisten, einfach wir selbst zu sein. Wir sind anderen Menschen weniger verpflichtet und für weniger verantwortlich, unterliegen den Forderungen der äußeren Realität in geringerem Maße, sind wohl auch weniger in eigene Probleme verstrickt. Die „Welt" tritt dadurch weiter zurück und entlässt uns Ältere, aber nicht nur in eine größere Einsamkeit, sondern auch in eine größere Freiheit. Aus ihr heraus können wir Erlebtes, Erfahrenes und Erkanntes weitergeben ohne Führungs- und Machtanspruch, wir brauchen damit nichts mehr zu erreichen.

Diese Gelassenheit, die aus der Distanz der „Entpflichtung" kommt –, man braucht keine Rollen mehr zu übernehmen – kann sich positiv etwa auch im Verhältnis zu den eigenen Enkeln auswirken. Nicht mehr eingebunden in die direkte Verantwortung als junger, unerfahrener Elternteil und bereichert durch die eigene Lebenserfahrung, frei von Alltagshektik und beruflichem Stress, entwickelt sich ein unterstützendes Klima des Gewährenlassens. Man kann sich nun viel intensiver und ausgiebiger auf die Enkel einstellen und ist dort großzügiger, wo man früher viele Ängste und Vorbehalte gehabt hätte. Dies alles geht natürlich nur, soweit nicht ein zu schwacher Erziehungsstil der Eltern (etwa die Unfähigkeit, sich einzufühlen, die Kinder zu fördern, oder sich durchzusetzen) dafür sorgt, dass nun die Großeltern umfassend einspringen müssen. Ist dies der Fall, können sich sogar auf Seiten der Großeltern Depressionen einstellen, wenn sie sich ihren Ruhestand anders vorgestellt haben. Sie müssen dann etwa erkennen, dass die

Enkel vielleicht abgeschoben werden und sie jetzt eher eine „Verwahrfunktion" übernehmen sollen, dabei zudem nicht „Nein" sagen können und nicht in der Lage sind, sich kritisch auseinander zu setzen und das, was ihnen missfällt, auch nur zu äußern. Diese häufiger anzutreffenden Konstellationen durchkreuzen natürlich die Möglichkeit einer entspannten Zuwendung zu den Enkeln. Ist aber eine „heitere Distanz" möglich, dann sind die Voraussetzungen für ein gedeihliches Miteinander zwischen den Generationen günstig.

Das macht ja überhaupt gesellschaftliche Aktivitäten wie Vorträge, Schriften und sonstige Werke alter Menschen so wertvoll, dass sie das Leben abgelöster betrachten können, weniger affektiv und wollend damit verflochten sind und dadurch Aspekte sehen können, die man erst unter diesen Bedingungen sieht. Wenn auch jede Generation ihr eigenes Gesetz, ihre eigenen Aufgaben hat, die Welt sich nie gleich bleibt, gibt es doch andererseits im menschlichen Leben vieles, was uns alle angeht, was sich bei aller Verschiedenheit der Generationen immer wieder konstelliert, weil es zu unserem Dasein überhaupt gehört. Gerade dies immer Gültige und Wesentliche können die Alten aus ihrer Distanz abgelöster sehen vom jeweiligen Gegenwartsaspekt, zeitloser, weniger überdeckt vom Aktuellen. So kann das Alter – und sollte es – im Kollektiv das Überzeitliche vertreten, das durch alle Verschiedenheiten und Zeitbedingtheiten hindurchschimmert wie das Menschliche durch die Verschiedenheit der Rassen und Geschlechter.

Jung ermahnt eindringlich den alternden Menschen, dessen gewahr zu sein, dass sein Leben nicht ansteigt und sich erweitert, sondern dass ein unerbittlicher innerer Prozess die Verengung seines Lebens erzwingt. (Wobei hier zugleich auch die Chance der Konzentration auf das Wesentliche liegt!) Ist es für den jugendlichen Menschen beinahe eine Sünde oder zumindest eine Gefahr, sich zu viel mit sich selbst zu beschäftigen, so erscheint es für den alternden Menschen geradezu als eine Pflicht und eine Notwendigkeit, seinem Selbst eine ernsthafte Betrachtung zu widmen. So wird das Älterwerden nicht zu einem lästigen Übel, sondern gerät zu einer „Kunst".

Bezeichnenderweise sind viele alternde Menschen nicht in der Lage, haben es nie gelernt, sich fruchtbar mit sich selbst zu beschäftigen. So wandelt sich die ursprünglich wertvolle Tendenz zur Selbstbeschäftigung oftmals in Hypochondrie und Wehklagen, verbunden mit vielen Arztbesuchen, in der ein schlummernder Wunsch nach Trost, Rat, Unterstützung und Versorgung – dessen Erfüllung projiziert wird auf den Arzt – die eigene Ratlosigkeit in eigener Angelegenheit sichtbar werden lässt. Auch verstecken sich gerade in der Hypochondrie Urängste über die Bedrohung der eigenen Existenz, die genau betrachtet zu Recht bestehen, da sie die Ungeübtheit, ja Angst im Gestalten und Wagen des eigenen Lebens angesichts der bestehenden Herausforderungen verrät. So wandelt sich die Sorge vor und um die Existenz in allerlei Krankheitsbefürchtungen.

„Der Mensch würde" – wie Jung nun betont – „gewiss nicht siebzig oder achtzig Jahre alt werden, wenn diese Langlebigkeit nicht dem Sinn seiner Spezies entspräche." Der Sinn des Morgens unseres Lebens liegt sicherlich im Aufbau des Individuums, im Gelderwerb, in der Familiengründung, in der Sicherung der sozialen Existenz. Dies ist aber noch bloße Natur, keine Kultur. Könnte nicht Kultur oder deren Vertiefung der Sinn und Zweck der zweiten Lebenshälfte sein? Bei den alten „primitiven" Stämmen sind stets die Alten die Hüter der Mysterien und Gesetze, worin sich auch die Kultur des Stammes ausdrückt. Bei uns ist stattdessen eher eine Verirrung und Verwirrung zu finden, in der die Alten es um jeden Preis den Jungen gleichtun wollen oder, da sie es nicht mehr können, an verklärten Reminiszenzen an die Vergangenheit festhalten.

Wir sind uns bewusst, dass es durchaus nicht die Regel ist,

dass viele im Alter im Gegenteil starr werden, uneinsichtig, der eigenen Vergangenheit verfallen. Aber das soll uns nicht hindern, die positiven Möglichkeiten umso deutlicher hervorzuheben. Denn hier, im nicht mehr so affektiven Bezogensein auf Mensch und Leben, in der Distanz, im Überblick, im Sichlösen aus Rollen, die wir selbst oder die Gesellschaft uns aufgezwungen hatten, liegt die Möglichkeit der Weisheit, um mit einem großen Wort zu beschreiben, was dem Einzelnen nur in gewissem Maße erreichbar sein wird, aber doch als mögliches Ziel vorschweben sollte. Insofern Genialität auch mit Furchtlosigkeit zu tun hat im Sichbekennen zu sich selbst und seiner persönlichen Wahrheit, könnte man von der Genialität des Alters sprechen, die vielleicht seine Weisheit ist.

Vielleicht sind wir im Allgemeinen zu bereit, es als Geschenk und als Gnade anzusehen, wenn das Alter anderen gelingt, und sehen zu wenig, wie es bei solchen Menschen vorbereitet wurde, was sie an Bemühen aufgewendet haben, damit es gelingen konnte. Sicher bedürfen wir dabei auch der Gnade, vor allem dort, wo wir am abhängigsten sind, in der Gesundheit oder darin, dass uns nahe Menschen erhalten bleiben. Aber ebenso sicher liegt es auch bei uns, die Gnade vielleicht anzuziehen, zu ermöglichen. Es ist hierbei sehr ähnlich wie mit der Liebe, wenn sie uns gelingen und zur Erfüllung werden soll. Es ist seltsam, dass wir gerade beim Besten, was das Leben zu geben hat, so leicht der Meinung sind, es müsse uns geschenkt werden, wo wir uns doch um anderes viel mehr bemühen, was viel fragwürdiger ist. Wollen wir uns damit nur die Bemühung ersparen, oder wissen wir nur zu wenig darüber, was alles in unserer eigenen Möglichkeit und Verantwortung liegt, unser Leben auch hierin zu gestalten? Vielleicht haben wir zu lange Schicksal zu einseitig als nur Geschicktes gesehen, zu wenig unseren eigenen Anteil daran, vielleicht haben wir auch Angst vor der Größe der Verantwortung, die dann auf uns ruht. Wir sind so sehr bereit, das, was wir erreicht haben, uns selbst zuzuschreiben, das Missglückte aber als Schuld anderer oder eben des Schicksals zu sehen. Mit der Entgötterung der Welt müssen wir wohl konsequenterweise auch den Mut aufbringen, mehr Verantwortung selbst zu übernehmen. Haben wir erkannt, dass Böses zu tun auch eine Möglichkeit in uns selbst ist, mit der wir verantwortlich umgehen müssen, so ist das Gute und Wahre vielleicht das Göttliche in uns, für das wir auch selbst verantwortlich sind. Es bleibt noch genug an Geschehen, was nicht in unserer Hand liegt, das wir hinnehmen müssen.

So kann uns das Alter die Chance geben, in neuer Form zu einer Identität mit uns selbst zu kommen, ohne „Rollen" spielen zu müssen, die uns vorher überfremdeten. Zu dieser Identität mit uns selbst finden wir vor allem über die uns mögliche Aufrichtigkeit uns selbst gegenüber, über die Selbstannahme ohne Selbsttäuschung.

Dazu gehört aber auch das Annehmen des Alters selbst. Es ist etwas Merkwürdiges damit, wie wir auf das Alter anderer reagieren. Wir nehmen dann oft eine Haltung ein, in der sich Pietät, Mitleid und vielleicht auch Spott mischen, und lassen eine ähnliche Atmosphäre von Unaufrichtigkeit entstehen, wie wir es beim Sterben beschrieben hatten. Das liegt im Allgemeinen an den Alten selbst und an der Umgebung. Die Anekdote, die man von einem berühmten Professor erzählte, kann uns allen ähnlich geschehen: Er hatte an seinem verehrten Lehrer bemerkt, dass dieser alterte und zwischendurch, mit der Zeit immer häufiger, Ausfälle und ein Versagen erkennen ließ, die umso peinlicher wirkten, weil er selbst sie nicht bemerkte. Der Professor sagte unter diesem Eindruck zu seinem Lieblingsschüler: „Wenn ich einmal so weit bin, erbitte ich den Freundschaftsdienst von Ihnen, mir zu sagen, wenn ich auch so versage, ohne es zu merken." Als es mit ihm so weit war, machte sein Schüler vorsichtig eine entsprechende Andeutung. Aber nun reagierte der Professor bitter und sagte vorwurfsvoll: „Jetzt sind also auch Sie gegen mich, Sie, auf den ich so viel gehalten habe.“ Und er wandte sich von ihm ab.

An diesem Beispiel lässt sich erkennen – und daher wird es auch zu einer „Kunst“ –, wie schwierig es offenbar ist, sich sein Altern einzugestehen, wie schwierig auch für die Umgebung, alternde Menschen „richtig“ zu behandeln. Mitleid ist kränkend, Spott natürlich noch mehr. Aber meistens spielt dabei eine wechselseitige Bezogenheit eine Rolle: Es hängt sowohl von dem Alternden selbst wie von seiner Umgebung ab, wie die Situation sich gestalten lässt. Natürlich ist es eine menschlich schwierige Situation, jemandem klarmachen zu müssen, dass er für irgendeine Funktion aus Altersgründen nicht mehr ausreicht, vor allem, wenn der Betreffende selbst es nicht wahrnimmt, nicht wahrnehmen will oder kann. Aber wie so oft spiegeln sich gerade in menschlich schwierigen Situationen noch über sie hinausreichende Hintergründe. Derjenige alte Mensch wird es seiner Umgebung besonders schwer machen, der nicht loslassen kann und eigensinnig meint, man wolle ihm übel oder ihn loswerden, wenn man ihm zu verstehen gibt, er trete wohl besser allmählich zurück. Und derjenige „Nachfolger“ wird am meisten Schwierigkeiten haben, den richtigen Ton zu finden, der insgeheim nur auf das Abtreten des Vorgängers wartet, um selbst dessen Platz einzunehmen. Wie immer greifen hier Haltung und Gegenhaltung, actio und reactio, oft sehr kompliziert, ineinander ein und ist daher das Problem nicht nur von der einen Seite allein zu lösen. Der Vorzug des Pensionsalters liegt darin, dass einem der eigene Entschluss zum Zurücktreten abgenommen wird. Daher ist die oben beschriebene Situation am häufigsten und schroffsten in freien Berufen konstelliert. Man hat für sie als Ersatz das „Hinwegehren“ erfunden. Wenn man zu irgendwelchen „Ehren“-Präsidenten oder -Vorsitzenden gemacht wird, hat das neben der manchmal wirklich gemeinten Ehrung und Anerkennung oft den unausgesprochenen Unterton: Nun wird es aber Zeit, dass du abtrittst, und lebenskluge Menschen pflegen das auch so zu verstehen.

Es gibt gar nicht so viele Menschen, die das Zurücktreten als eine Befreiung und Erleichterung begrüßen – wenn auch mit „einem weinenden Auge", mit einer gewissen Wehmut, wie man ja nichts nur leicht und gern aufgibt, an dem man hing und in das man einen großen Teil seiner Lebenszeit und -kraft gesteckt hatte. Aber irgendwann müssen wir das ja alle tun. Wie schwer oder leicht uns das fällt, das hängt auch wieder mit unserer Vorbereitung auf das Alter zusammen. Es fällt denen am schwersten, die nichts als ihre Tätigkeit kannten und mit ihr völlig identifiziert waren.

Nicht mehr mit bestimmten sozialen Rollen identifiziert zu sein ist eine große Chance für die geistige Freiheit im Alter. Wie groß andererseits unsere Neigung ist, uns mit solchen Rollen möglichst lange zu identifizieren, als wären sie alles, was wir sind und haben, geht daraus hervor, wie viel Wert wir etwa nach der Pensionierung noch darauf legen, Oberst oder Direktor, wenigstens i. R. oder a. D. zu bleiben, statt froh zu sein, diese Rollen ablegen zu können und einfach wir selbst zu sein. Die „persona" oder die Lebensmaske, wie Jung diese soziale Fassade benannt hat, ist uns zu lieb geworden, und für viele machte sie tatsächlich den Inhalt ihres Lebens aus. Solche Rollen, wie etwa die „Berufspersona" des Lehrers, des Vorgesetzten oder des Politikers, dienen zwar zunächst einem sinnvollen und natürlichen Schutz, wo die eigentliche Person zurücktritt, indem sie nicht alles, was den Betreffenden an persönlichen Schwierigkeiten, Ängsten und Schwächen ausmacht, sichtbar werden lässt. Sie haben aber nicht nur etwas Tragendes und bedeuten eine Machtposition in der sozialen Hackordnung, sie haben auch etwas Einengendes und uns Festlegendes, sie zwingen uns, in bestimmter Form zu denken und zu werten, und überfremden uns meist mehr, als uns bewusst ist. Wann hört man – überspitzt gesagt – von einem Politiker seine wahre Meinung?

Wie man erleichtert aufzuatmen pflegt, wenn man eine steife vorgeschriebene offizielle Kleidung mit einer bequemen, einem selbst zusagenden wechseln kann, so kann das Ablegen solcher uns überfremdender Personahaltungen es erleichtern, zur Identität mit uns selbst zu finden. Man muss sich vor Augen halten: Identität und Persona beeinflussen sich wechselseitig. Über die Art, wie wir uns nach außen geben, welche Rolle wir spielen, definieren wir uns auch zugleich – vor uns selbst und vor den anderen. Geht ein Mensch zu sehr in seiner Persona auf, etwa weil er darüber einseitig seinen Selbstwert, sein äußeres Ansehen, ja seine Identität definiert hat, dann kann er in ernsthafte Krisen geraten, wenn er sein Amt verlässt. Sich einstellende Ängste und Depressionen zeigen dann nachdrücklich, dass der Betreffende in eine Identitätskrise geraten ist, allerdings mit der Chance, durch die Heftigkeit der Krise zur Neubesinnung und zur Wandlung zu kommen.

Im Alter liegt also die Chance einer sich neu stellenden inneren Freiheit, dass die Lebensmaske und eine wahre innere Identität immer mehr zur Deckung gebracht werden können – sich die Persona mehr an die innere Identität anpasst – und beide nicht unverbunden auseinander klaffen.

Nun zeigt es sich leider häufig, dass von der sich neu bietenden „geistigen Freiheit“ gar kein Gebrauch gemacht wird. Statt nun aufzublühen und nun endlich die Dinge tun zu können, die man schon immer tun wollte, oder Dinge zu lassen, die man auch nicht mehr tun muss, stellen sich allerhand gesundheitliche Störungen ein, die sich beim näheren Hinsehen als „funktionelle“ oder auch „psychosomatische Störungen“ herausstellen. Ja sogar klassische psychische Störungen wie Angststörungen (Panikerkrankung, Phobien, Zwangsstörungen) und ausgeprägte Depressionen können folgen.

Diese Störungen sind als Ausdruck dafür zu werten, dass die nun notwendigen Reifungsschritte nicht vollzogen werden können. Hier ist dann der Psychotherapeut gefragt.

Was wird in der Regel als Grund für diese Probleme gefunden? Neben der schon oben erwähnten einseitigen „Personaverhaftung“ zeigt sich, dass die Betreffenden noch aus anderen Gründen unwillkürlich an dem bisher gelebten Leben festhalten, ja wie auf magische Weise daran gebunden bleiben und sogar bewusst nicht loslassen „wollen“.

Dies zeigt sich offenkundig, wenn etwa herbe Verluste, wie der Tod des Lebenspartners, dazu nötigen, den nun angesagten nächsten Reifungsschritt zu tun, sich neu zu orientieren, ein wirklich „eigenes Leben“ zu führen und sich so zu „wandeln“, dies aber eben nicht geschieht. Hierzu passt auch als weiteres Thema, dass zum Beispiel auch der Übergang nicht gefunden wird vom Berufsleben zur Pensionierung.

Es sind in der Regel spezifische innere unbewusste Hemmnisse, die im Folgenden genauer betrachtet werden sollen und die Betreffenden daran hindern, weiter zu reifen. Jung sieht übrigens eine der Hauptquellen der Neurosen darin, dass der Lebensstrom stagniert in Form verschiedener Störungen und Symptome, weil die Betreffenden sich nicht an die typischen Individuationsziele ihres Lebens „anpassen“ können.

Das Nicht-loslassen-Können

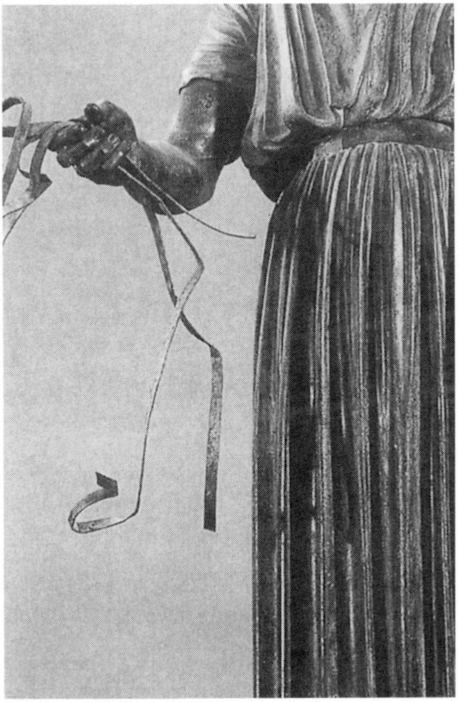

Es sollen nun bestimmte Ängste besprochen werden, die uns das Altern erschweren können. Ängste, die zum Leben überhaupt gehören, bei verschiedenen Menschen aber besonders hervortreten, sei es aus Anlage, aus dem bisher gelebten Leben und seinen Zielsetzungen, sei es aus der Nachwirkung von Erfahrungen oder was es noch an Motiven dafür geben mag. Meistens handelt es sich dabei um Einseitigkeiten und Überwertigkeiten bestimmter Haltungen, mit denen man zu ausschließlich gelebt hat und mit denen man sein Leben sogar zu meistern versuchte.

Viele Menschen leben ihr Leben sozusagen durch andere; sie brauchen das Du zur eigenen Entwicklung. Wenn das auch für jeden von uns in gewissem Maße zutrifft, denn erst in der Auseinandersetzung mit anderen erfahren wir uns selbst, sind hier doch nur die Menschen gemeint, die ohne einen Partner überhaupt nicht leben können beziehungsweise glauben, es nicht zu können, denn meistens haben sie es aus Angst gar nicht versucht. Das macht sie in zunehmendem Maße abhängig von dem jeweiligen Partner, und im gleichen Maße wächst natürlich die Verlustangst. Man hört von ihnen oft Sätze wie: Ich kann es mir nicht vorstellen, wie mein Leben ohne diesen Partner aussähe; ich möchte dann nicht mehr leben, es wäre alles völlig sinnlos.

Solches Verhalten wird von ihnen meist als besonders große Liebe angesehen und kann auch so aussehen bei oberflächlicher Betrachtung. Aber mag das auch vorkommen, dass ein Mensch für einen anderen die Erfüllung ist, dass zwischen ihnen eine Gemeinsamkeit besteht, die es nicht wieder gibt, und man sich dessen bewusst ist, so sind das doch Ausnahmen. Und in solchem Fall kann man auch nicht von Abhängigkeit in dem hier gemeinten Sinn sprechen, nur von einer Gemeinsamkeit, deren Ende einen unersetzlichen Verlust bedeuten würde.

Hier sind nur die Menschen gemeint, die den anderen unbedingt brauchen, weil sie von ihm abhängig sind und ohne ihn mit sich nichts anzufangen wissen. Das hat immer mit einem in gewissen Grenzen Kindlich-geblieben-Sein zu tun. Man lebt nur in Bezug und in Antwort auf den anderen, ohne Eigenleben, so dass mit seinem Wegfall sozusagen die Welt untergeht, man niemanden mehr hat, auf den man sich einstellen, nach dem man sich richten, dessen Forderungen man erfüllen kann, woraus das Leben bisher fast ausschließlich bestanden hatte. Solche Menschen sind froh, wenn sie kein Eigenleben zu leben brauchen, weil sie es gewohnt sind, nur in Reaktion auf andere da zu sein. Sie identifizieren sich fast völlig mit ihnen, leben praktisch deren Leben mit, gehen darin auf, und so bedeutet ihnen auch dies Sich-auf-den-anderen-Einstellen keinen Verzicht auf Eigenes, weil das gar nicht entwickelt wurde. Die Tiefenpsychologie spricht in solchen Fällen von einer „symbiotischen Beziehungsform“, die gelebt wird: Man lebt für und durch den anderen. Hat man als Therapeut die Gelegenheit, die Kindheit der Betreffenden genauer zu betrachten, dann stellt sich in der Regel heraus, dass sie schon früh davon geprägt waren, ihren Eigenwert strikt von der Zuwendung und Bestätigung durch andere abhängig zu machen. Diese Grundannahmen über den eigenen Wert bilden oft die Basis für eine depressive Charakterstruktur vor dem Hintergrund einer lebensgeschichtlich begründbaren Selbstwertstörung (Kleespies 2001/1998). Fällt der „Selbstwert vermittelnde Partner“ weg, kann, wie schon Freud früh erkannte (vgl. seinen Aufsatz „Über Trauer und Melancholie“, StA III), gar nicht getrauert werden, die Betreffenden sind wie erstarrt, die Trauer bleibt stecken, und es stellt sich eine Depression ein.

Man kann sich vorstellen, dass in solcher abhängigen Situation und Position schon die Bedrohung des anderen – etwa durch Krankheit – als Katastrophe erlebt wird. Nach seinem Verlust kann zwar die alte Lebenshaltung noch fortgesetzt werden, indem man alles so belässt und weiterlebt, wie man es gewohnt war, einen Totenkult anstelle des Lebenden setzt, nichts verändert. So bleibt man dem Toten verbunden, ist weiterhin auf ihn ausgerichtet und hat nun seine Trauer, die mit ihm verbindet. Man lebt aber immer in ausschließlichen Erinnerungen und stagniert im eigenen Lebensfluss. In seinen Geschichten „Der Tod von Reval" hat Bergengruen eine solche Haltung ungemein eindrucksvoll geschildert.

Was also von außen gesehen wie besonders große Liebe aussehen kann, ist oft Ausdruck einer Hilflosigkeit, des Nicht-allein-sein-Könnens, des Auf-den-anderen-angewiesen-Seins. Das wird noch deutlicher bei den Menschen, die nach dem Verlust des anscheinend so sehr geliebten Menschen so rasch wie möglich einen neuen Partner zu finden bemüht sind, mit dem sie das alte Verhältnis – praktisch unverändert – wieder aufnehmen. Das heißt: Sie brauchen ihn um ihrer selbst willen, meinen den anderen gar nicht wirklich, sondern nur die Funktion, die er in ihrem Leben hat. Der Partner ist fast austauschbar, wenn er nur die Möglichkeit gibt, wieder die alte Rolle zu leben, und die Notwendigkeit erspart, ein eigenständiges Individuum zu werden. Hier ist die Grenze besonders schmal zwischen echter Zuneigung und abhängigem Auf-den-Partner-angewiesen-Sein; die Echtheit oder Unechtheit lässt sich daran erkennen, ob man trotz seiner Liebe auch ein eigenständiger Mensch geworden ist oder nicht. Das Ohne-den-anderen-nicht-leben-Können ist Ausdruck von Schwäche und kindlich gebliebenem Abhängigsein. Solche Menschen vertieft dann auch die Trauer nicht, sie macht sie nur zu traurigen Kindern.

Es zeigt sich dann in entsprechenden Psychotherapien, dass die erforderliche Autonomie, die nun aufgebracht werden müsste, zu einem freien, selbstbestimmten Leben, in der Kindheit nie erworben wurde, so dass die therapeutische Aufgabe in einer Nachreifung dieser vernachlässigten seelischen Ausrüstung liegt.

Das „Loslassenkönnen“, um sich wandeln zu können, umfasst also viele Bereiche des Lebens. Aus der Perspektive der Jung'schen Psychologie ist es unser „Schatten“, den wir fruchtbar überwinden müssten. Der „Schatten“ bezeichnet unsere bedeutsamen, ungelösten Lebensthemen, die unser Leben begleiten, ja uns, wie Jung es ausdrückte, ein Leben lang „nachschleichen“. Sie werden zu „ewigen Begleitern“ und können uns in unseren Träumen „verfolgen“, wie wir es nachdrücklich in Form der Verfolgungsträume kennen.

Diese ungelösten Lebensthemen (wie etwa die Autonomiefrage und das Problem des eigenen Selbstwertes) können vorübergehend verdrängt und überlagert sein durch entsprechende Lebensarrangements. Hierzu gehört etwa ein starkes berufliches Engagement, mit Betonung der eigenen Persona oder das Eingehen einer symbiotischen Beziehungsform. Die unbewältigten Themen brechen aber sofort wieder auf, wenn die eingegangenen Kompromisslösungen und Kompensationen etwa durch Tod des Partners oder durch das Berufsende im Alter wieder wegfallen, mit der Folge einer seelischen Erkrankung. Die „Schatten der Vergangenheit“ holen uns dann buchstäblich und unabweisbar wieder ein.

Dies mag ein Behandlungsbeispiel illustrieren: Ein 62-jähriger Mann wurde depressiv, nachdem er sich aus der Ehe gelöst hatte, die er im Laufe der Jahre als ihn zunehmend einengend und kontrollierend erlebte. So war auch in den letzten Jahren die Sexualität praktisch zum Erliegen gekommen, nicht zuletzt, weil sie in der von ihm eingegangenen „Mutter-Kind“-Beziehung auch keinen Platz hatte. Er wurde depressiv, weil er aus Gründen seiner unbewältigt gebliebenen Konfliktthemen seiner Kindheit nun nicht wirklich selbstbestimmt und „frei“ leben konnte.

In der Therapie stellte sich heraus, dass ihn die eigene Mutter symbiotisch an sich gebunden hatte, womit sie sich wie mit einem Wall vom Ehemann abschottete, auf den sie sich aus eigenen Beziehungsängsten (vor allem sexuell) nicht einlassen konnte. Der Sohn zog sich daraufhin die Ablehnung und, wie er meinte, wohl auch den Hass des Vaters zu, der „draußen vor" bleiben musste. Es entwickelte sich keine positive Vaterbeziehung, die er aber dringend gebraucht hätte, um sich aus der Symbiose zu befreien.

In der Therapie konnte er mehr Autonomie und Expansivität entwickeln. In positiver Übertragung auf den Therapeuten holte er seine dringend benötigte archetypische Vatererfahrung (im Sinne eines in uns angelegten kollektiven Erlebens- und Verhaltensmusters) nach und erlebte Ermutigung und Unterstützung in der Überwindung seiner Ängste. Beispielsweise hatte die Mutter bei all seinen Unternehmungen grundsätzlich immer gesagt: „Es ist gefährlich, tue es nicht", und gab zu verstehen, dass er zu Hause bleiben sollte, während er nun in der Therapie „väterliche Botschaften" nachholen und verinnerlichen konnte (die er am leiblichen Vater vermisst hatte), etwa nach dem Motto: „Es ist vielleicht gefährlich, pass auf, aber tue es ruhig." So entwickelte er eine dringend benötigte Wegweisung, die er als väterliches Kontrastprogramm zu den übernommenen mütterlichen Botschaften innerlich etablieren konnte. Er fing nun an, was früher undenkbar gewesen wäre, große Reisen zu unternehmen, ohne die immer befürchteten Verlassenheitsängste zu bekommen. So wurde er – erstmals im Alter – selbstvertrauend expansiv. Auch konnte er seine eigene väterliche Identität ausbauen, indem er nun anfing, mit dem eigenen Sohn eingehend und beratend über dessen berufliche Zukunft zu sprechen, was er früher aus Rollenunsicherheit vermieden hatte. Damit half er ihm, seine bestehenden eigenen Ängste und Bequemlichkeiten bei der Berufsfindung zu überwinden.

Aber nicht nur bestimmte bisher eingenommene Beziehungsformen und Verhaltensweisen loszulassen, um sich neu zu orientieren, kann schwer fallen, es kann uns mit dem Besitz genauso ergehen. Und gerade mit dem nahenden Alter kann die Angst vor dem Ende Menschen dazu bringen, nur noch krampfhafter festzuhalten. Es ist, als ob sie daraus das Gefühl des Noch-lebendig-Seins bezögen. Sie sammeln und sparen und häufen weiter an, als ob sie damit jeden Gedanken an das Ende wegschieben und zudecken könnten, als ob sie noch ewig zu leben hätten. Alles, was sie her- oder abgeben müssen, tut ihnen fast physisch weh, als wäre es ein Stück ihrer Lebenskraft, die sie von sich weggeben sollen, weil im Besitz für sie das Symbol des Lebens liegt, des Nochlebens. So hamstern sie im Besitz eigentlich „Leben". Er steht bei ihnen stellvertretend für Leben, und so kann man am ehesten den manchmal extremen Geiz alter Menschen verstehen: Besitz bedeutet ihnen Lebenssubstanz. Wie immer hat auch diese Haltung natürlich ihre Vorgeschichte, wie es eine alte Erfahrung ist, dass sich im Alter bereits vorhandene Haltungen zu verschärfen pflegen.

Nun wird das Zusammenhalten, Festhalten zur wichtigsten Tätigkeit. Im gleichen Maße wächst die Angst vor Verlusten, gegen die man sich nun wieder stärker abzusichern bemüht. Was man vermeiden will, wird leicht zum Zwang, es verselbständigt sich und beherrscht uns mehr und mehr. Mit solchen konservierenden, klammernden Haltungen hängt eng zusammen eine zunehmende Neigung zur Hypochondrie, die, aufs Körperliche übertragen, aus der gleichen Tendenz kommt und damit einen weiteren Aspekt dieses schon weiter oben besprochenen Krankheitsverhaltens enthüllt. Dann wird die Gesundheit der Besitz, den man unbedingt halten will. Ängstlich werden alle Symptome des Alters registriert. Überall vermeint man Anzeichen einer sich anbahnenden möglichen Erkrankung wahrzunehmen. Die dauernde Selbstbeobachtung lässt einen das Gras wachsen hören. Völlig normale Reaktionen werden verdächtig, der Puls, die Farbe des Stuhls, der Appetit werden dauernd kontrolliert, und man merkt die Paradoxie gar nicht, dass man sich durch die vermeintlich kluge Lebensweise das meiste von dem verscherzt, was einem noch Freude machen könnte. Man entwickelt eine Lebensfeindschaft, „nekrophile" Tendenzen, wie Erich Fromm sie genannt hat, weil man zu allem Lebendigen, zu jeder Entwicklung nur noch nein sagt und die Zeit aufhalten möchte.

Das folgende Behandlungsbeispiel illustriert inadäquates Behalten: Eine sechzigjährige Patientin drohte nach dem Tod ihres alten Vaters, mit dem sie in symbiotischer Beziehung gelebt hatte, in ihrem Haushalt „zu vermüllen", wie sie sagte. Sie entwickelte Depressionen und war einfach nicht in der Lage aufzuräumen, was auch geheißen hätte, sich von alten Sachen zu trennen. Die alten Sachen waren aber, wie sich herausstellte, Dokumente ihres bisherigen Lebens. Sie waren sozusagen „identisch mit ihrem Leben". So war sie aus Gründen ihrer symbiotischen, über den Tod anhaltenden Bindung an den Vater, über die sie bislang ihre Lebensdefinition bezogen hatte, nicht in der Lage, eigenständig sich selbst Wert zu geben und sich von der bisherigen Lebensform „zu trennen". Stattdessen stagnierte sie in einer Depression.

Diese wich erst, nachdem sie sich innerlich von ihrer bisherigen extravertierten Lebensform lösen und die Beziehung zu sich verbessern konnte, was zum Beispiel über eine intensive Traumarbeit und den damit zusammenhängenden Botschaften des eigenen Selbst in der Therapie möglich wurde. Nun konnte sie aufräumen und in ihr Inneres, in ihr Leben, eine „neue Ordnung", die sich nicht mehr an der Vaterbindung orientierte, hineinbringen.

Ähnlich wie mit den materiellen Dingen kann es uns mit der Macht gehen. Machtpositionen zur rechten Zeit aufzugeben, sich zurückzunehmen und der folgenden Generation

Platz zu machen ist ebenfalls eine Aufgabe, die gelernt sein will. Wer kennt nicht die alten Menschen, die zäh an ihrer Position festhalten, die Väter, die ihren Söhnen die Nachfolge nicht zugestehen können, oder, allgemeiner, die Alten, die der jungen Generation nicht weichen wollen und Posten oder Funktionen festhalten, die schon längst von Jüngeren besser ausgefüllt würden. Uns interessiert hier nicht die soziale Seite, die manchen aus Not zu solchen Haltungen zwingt, denn alle Altersprobleme haben natürlich auch diesen sozialen Aspekt, sondern das im Einzelnen selbst liegende Problem.

Damit setzt man sich unweigerlich einem Circulus vitiosus, einem Teufelskreis, aus: Je mehr man sich altern fühlt, sein Nachlassen spürt (wenn man es fühlt; denn die Selbsttäuschung kann so weit gehen, dass man das vor sich verleugnet, vielleicht auch wirklich nicht wahrnimmt, wie im Beispiel des Professors), umso mehr Anstrengungen macht man. Das vergrößert sowohl die seelische Belastung als auch die Gefahr zu versagen, weil dann gar nicht mehr die Sache selbst im Vordergrund des Interesses steht, sondern zunehmend die Verteidigung seiner Position, das Nicht-versagen-Dürfen, was wiederum zu einer neuen Fehlerquelle werden kann, weil man vieles nicht mehr richtig einschätzt. Diese zusätzliche seelische Belastung führt dann oft zu Erkrankungen des Herzens oder begünstigt sie zumindest.

Wenn die Medizin auch festgestellt hat, dass bei alternden Menschen häufig eine Selbstüberschätzung nachgewiesen werden kann bezüglich der Erhaltung ihrer Leistungsfähigkeit, lässt sich doch schwer auseinander halten, wieweit dies am alternden Menschen selbst liegt und wieweit seine Angst dafür verantwortlich ist, als nicht mehr genügend leistungsfähig seinen Posten zu verlieren. Die Untersuchungen gehen zu wenig auf das ein, was ich mit der Vorbereitung aufs Alter meine, von der es abhängt, wie unser Alter aussieht.

Durch Festhalten macht man sich aber zugleich die jüngere Generation zum Feind, was nicht nur die Angst verstärkt, sondern auch unnötige Kraft kostet, weil nun zusätzlich noch gegen die Jungen gekämpft werden muss, die ihrerseits sich zum Kampf herausgefordert fühlen, wodurch dann oft viel schroffere Auseinandersetzungen konstelliert werden als unter Gleichaltrigen. Oft erzwingt dann eine Krankheit, was man von sich aus nicht vermochte, und man kann noch von Glück reden, wenn es rechtzeitig geschieht.

Man kann aber auch krampfhaft jung bleiben wollen, was in unserer Zeit wohl häufiger ist als in anderen Zeiten, einmal wegen der Überbewertung der Jugend, zum anderen auch wegen der größeren Möglichkeiten, uns jung zu erhalten. Beide Geschlechter können dem verfallen, nur pflegt es bei beiden etwas anders auszusehen.

Manche Frauen verwenden viele Stunden des Tages auf die Körperpflege und kosmetische Maßnahmen, die den Altersprozess aufhalten oder verheimlichen sollen. Ähnlich wie bei der Hypochondrie ist dann das Interesse völlig der eigenen Person zugewandt, im Spiegel werden sich anzeigende Falten ängstlich kontrolliert und mit Depressionen festgestellt. So verständlich es ist, dass man jung aussehen möchte und sich der dafür verfügbaren Mittel bedient – jede gesunde Frau wird sich angemessen pflegen, weil sie das sich selbst und ihrer Umgebung schuldig ist –, so sollte es doch nicht zum Hauptlebensinhalt werden. Das ist immer ein Zeichen von Angst und innerer Leere, kommt daher vor allem bei Frauen vor, die kein ausgefülltes Leben haben und letztlich sich selbst am wichtigsten sind, die nur sich selbst lieben. Auch das ist nicht erst im Alter plötzlich so, sondern es war schon immer so, nur muss man nun immer mehr dafür tun. Die Schönheit eines Gesichts, an dem das Leben gearbeitet hat, zählt offenbar nicht mehr, sonst wären wir nicht so bemüht, diese Spuren zu beseitigen.

Das männliche Gegenstück zu diesen Frauen ist der körperbetonte und zum Teil waghalsige „Sportfanatiker", der den früheren Lebemann abgelöst hat und in dessen spielerischer Lebenseinstellung das nicht Erwachsensein, nicht Mannsein offenkundig wird. Beide leben statt des Weiblichen und Männlichen das Weibchen- und Männchenhafte und unterliegen damit dessen Gesetzen.

Aber das sind die Extremfälle. Wie immer ist es eine Sache der Quantität, wieweit solches Bemühen vernünftig, wieweit es neurotisch ist. Denn das Gegenteil solcher Haltungen, das resignierende Sich-gehen-Lassen und bequemes Pantoffeldasein ist nicht minder neurotisch.

Flucht vor der Einsamkeit

Die Einsamkeit scheint heute für immer mehr Menschen eine sie schreckende Vorstellung oder eine schwer zu ertragende Wirklichkeit geworden zu sein. Besonders alternde und alte Menschen leiden unter der Angst zu vereinsamen oder sind einem Alleinsein ausgesetzt, das unserer Gesellschaft erst langsam bewusst zu werden beginnt. Auf den ersten Blick mag uns das seltsam erscheinen, ja geradezu paradox, leben wir doch in einer Zeit, in welcher Entfernungen, der uns von anderen Menschen trennende Raum, bei weitem nicht mehr die Rolle spielen wie früher. Post, Telefon und die modernen Verkehrsmittel verbinden uns in kürzester Zeit mit uns nahe stehenden Menschen. Radio und Fernsehen lassen uns jederzeit am Weltgeschehen teilnehmen und bieten uns Unterhaltung und Anregung. Wir wohnen in unseren Städten in nächster Nachbarschaft mit vielen anderen Menschen, die jederzeit für uns erreichbar sind. Unsere Städte sind so dicht besiedelt und bieten so viele Veranstaltungen auf allen möglichen Gebieten, die uns unter Menschen bringen, dass wir nie allein zu sein brauchen, wenn wir es nicht wollen. In PC-Kursen lernen die Älteren per E-Mail oder über „Chats" im Internet zu kommunizieren, was zwar direkte Kontakte nicht ersetzt, aber welche einleiten kann und auch Einsamkeit abmildern hilft.

Aber vielleicht stutzen wir hier schon: Sind Einsamkeit und Alleinsein einfach gleichzusetzen? Im üblichen Sprachgebrauch pflegen wir die beiden Begriffe kaum zu trennen: Alleinsein setzen wir meist mit Einsamkeit gleich, und Einsamkeit bedeutet uns so viel wie Alleinsein. Und doch besteht ein feiner Unterschied zwischen beiden, den wohl jeder aus eigenem Erleben kennt: Ist nicht jeder von uns schon einmal allein gewesen, ohne sich einsam zu fühlen. Hat er nicht vielleicht sogar das Alleinsein gesucht, um ungestört und ohne Ablenkung sich mit etwas zu beschäftigen, um mit sich selbst allein sein zu können, ohne sich dabei einsam zu fühlen? Und wir alle kennen wohl auch die andere Erfahrung, dass wir uns unter Menschen befanden und uns trotzdem einsam fühlten – etwa weil die uns umgebenden Menschen uns fremd oder gleichgültig waren oder weil etwas schwer beschreibbares Trennendes wie eine unsichtbare Glaswand zwischen ihnen und uns zu stehen schien. Offenbar liegt der Unterschied zwischen beiden Begriffen darin, dass Einsamkeit mehr eine innere Befindlichkeit beschreibt, während Alleinsein sich mehr auf äußere Situationen bezieht. Damit ist auch ausgedrückt, dass wir zwar die äußere Situation des Alleinseins ändern können, indem wir etwa unter Menschen gehen oder uns Freunde einladen usf., dass wir aber die innere Befindlichkeit der Einsamkeit mit uns selbst abmachen müssen – wir können uns nur verschieden zu ihr einstellen, sie verschieden erleben; und dafür liegen die Möglichkeiten auf einer breiten Skala zwischen gewollter Einsamkeit und verzweifelter Angst und Flucht vor ihr.

Das Bedürfnis nach Kontakt und andererseits nach Alleinsein und Einsamkeit ist von Mensch zu Mensch sehr verschieden. Es hängt unter anderem von unserem Alter ab, von unserer gesamten Lebenssituation, aber auch von unserer Anlage: Der mehr nach außen gerichtete, der so genannte extravertierte Mensch braucht mehr Austausch und Kontakte, hat ein größeres Mitteilungsbedürfnis als der mehr nach innen gewandte, introvertierte Mensch, der sich leicht durch zu viele Kontakte gestört und belästigt fühlt. Ein gewisses Maß an mitmenschlichen Beziehungen braucht wohl jeder Mensch. Warum ist aber in unserer Gegenwart die Angst vor der Einsamkeit so groß geworden, warum ertragen wir es immer schwerer, mit uns selbst allein zu sein?

Was ist eigentlich das Bedrohliche und Bedrückende an der Einsamkeit? Es ist wohl vor allem das Gefühl völliger Ungeborgenheit, des ganz und gar Auf-uns-selbst-gestellt-

Seins: Niemand spricht mit uns, wir können uns an niemanden wenden; wir empfinden nur Leere um uns, eine hoffnungslos erscheinende schreckliche Leere, und uns erfasst eine gegenstandslose, unbestimmte Angst, die wir oft so ausdrücken, dass wir sagen: „Die Decke fällt mir auf den Kopf" oder: „Ich fühle mich von Gott und aller Welt verlassen, mutterseelenallein". Diese Angst kann so quälend werden, dass sie uns irgendwohin unter Menschen treibt oder dass wir zu Betäubungsmitteln greifen. Ja sie kann sich so steigern, dass uns nur noch der Selbstmord als einziger Ausweg bleibt.

Einsamkeit wird umso quälender und aussichtsloser erlebt, je weniger wir es gelernt haben, mit ihr umzugehen, je weniger wir sie kennen gelernt haben; denn dann sind wir immer nur darauf eingestellt, sie zu fliehen und etwas oder jemanden außerhalb von uns zu finden, der uns aus ihr befreit, und so lassen wir es gar nicht dazu kommen, einmal die Segnung der Einsamkeit an uns zu erleben.

Unsere Erfahrungen mit der Einsamkeit und unsere Einstellung zu ihr haben eine Geschichte, die meist bis in unsere Kindheit zurückreicht. Denn alles, was uns geschehen kann – Erlebnisse und Erfahrungen, Hoffnungen und Ängste, Beglückungen und Schmerzen, Trennungen und Verluste –, all das hat ein besonderes Gesicht und Gewicht je nach dem Alter, in dem es uns trifft. Das gilt besonders auch für die Einsamkeit. Das Allein-gelassen-Werden ist für ein Kind am schwersten zu ertragen, solange es noch so klein ist, dass es der Einsamkeit hilflos und ohnmächtig ausgeliefert ist. Wenn es also noch keine Erfahrungen über die Verlässlichkeit der Welt gemacht hat, wenn es noch kein Zeitgefühl kennt und daher das Wartenkönnen noch nicht gelernt hat und wenn es mit der Welt noch nichts anfangen kann, dann verfällt es in verzweifelte Angst und Hoffnungslosigkeit und schließlich in Resignation und Apathie.

Im späteren Leben sind wir nie wieder einem solchen Ausmaß an Einsamkeit ausgesetzt, an innerer und äußerer Leere, wie sie ein Kind erleben kann. Selbst unter schweren Isolierungsbedingungen haben wir als Erwachsene doch noch unsere Vergangenheit, haben wir unsere Erinnerungen und unsere Phantasie. Wir können dann eine Innenwelt in uns entdecken, die vielleicht gerade in der Einsamkeit heller aufleuchtet. Aber dennoch ist die erzwungene Einzelhaft ohne die Möglichkeit, sich mit etwas zu beschäftigen, eine der grausamsten Strafen. In seinem Buch „35 Jahre im Kerker“ beschreibt Henri de Latude, wie er die Ratten in seinem Verlies fütterte und zähmte, was ihn vor der äußersten Verzweiflung und dem Verrücktwerden bewahrte.

Wenn jemand als Kind zu oft und zu lange allein gelassen wurde, bevor er Vertrauen und Hoffnung lernte, kann er später Einsamkeit ähnlich verzweifelt und hoffnungslos erleben. Die Früherinnerungen wirken in ihm noch so mächtig nach, haben ihn so geprägt, dass er in Panik gerät, wenn er länger allein ist.

Er realisiert dann gar nicht, dass er ja nicht mehr das hilflose Kind von damals ist. Er erlebt nur die Verlustangst und das hoffnungslose Allein-gelassen-Werden wieder, dem er als Kind ausgesetzt war. Zwar kann er jetzt auf die Welt zugehen, aus der Einsamkeit fliehen – aber wohin? In die Anonymität unserer Großstädte, wo ihm durch die mitmenschliche Ferne, die lieblose Gleichgültigkeit gegenüber dem Nebenmenschen, der nur zu oft als störend erlebt wird, seine Einsamkeit nur noch tiefer bewusst wird. Dann suchen sich manche zu betäuben, durch Alkohol oder Drogen etwa. Oder sie tauchen in Massenveranstaltungen unter, wo sie wenigstens für Stunden ihre Einsamkeit zu vergessen hoffen. Oder sie suchen eine Prostituierte auf, oft weniger wegen sexueller Wünsche, als um wenigstens für kurze Zeit mit einem Menschen zusammen sein zu können. Aber alle diese kurzfristigen Versuche lassen das Gefühl der Einsamkeit nur verstärkt zurück.

Aber auch die gegensätzliche Situation in der Kindheit kann später eine überwertige Angst vor der Einsamkeit entstehen lassen; dann nämlich, wenn das Kind zu wenig die Möglichkeit hatte, selbständig zu tun, wozu es Lust hatte, wenn es zu wenig lernen konnte, sich allein mit etwas zu beschäftigen. Dazu kommt es, wenn Mütter dem Kind alles abnehmen, wenn sie es zu lange von sich abhängig halten wollen oder aber wenn sie ihm seinen eigenen Spielraum nicht lassen und überall Verbote setzen. Dann lernt das Kind nicht, eigene Wünsche und Impulse zu haben. Es kann seine Phantasie nicht entwickeln und bleibt darauf angewiesen, dass man sich um es kümmert, ihm Vorschläge macht, was es tun könnte. Solche Menschen brauchen auch später immer einen Partner, der mit ihnen oder für sie plant. Allein gelassen sind sie hilflos, verfallen in stumpfe Apathie und wissen mit sich und der Welt nichts anzufangen. Dann kommt zur Einsamkeit etwas Neues hinzu, was sie schwer erträglich macht: die Langeweile, hinter welcher die meist unbewusste Erwartung steht, dass von außen etwas oder jemand kommen solle, der aus dieser Langeweile befreit, wie einst die Mutter.

Langeweile gibt aber den gefährlichen Boden ab, auf dem sich Lustlosigkeit und Frustration steigern können zu Sensationsbedürfnis, Süchtigkeit und zu zerstörerischen Hassimpulsen bis zur Kriminalität. Es ist uns zwar heute leichter als früher gemacht, die Langeweile mit etwas auszufüllen – ein fast ununterbrochenes Angebot an Unterhaltung wird uns von Fernsehen und Radio vermittelt, das die Langeweile vertreiben hilft, das aber zugleich die Passivität und die Erwartung einer Hilfe von außen stützt und alle eigenschöpferischen Begabungen zudeckt, in denen die einzige wirkliche Hilfe läge. Es ist eine Folge des überreichen Angebotes, das uns die Konsumgesellschaft, in der wir leben, macht, dass wir heute von früh an daran gewöhnt werden, ohne eigene Anstrengung immer etwas zur Verfügung zu haben, mit dem wir, vorwiegend passiv, unsere Zeit füllen können. Die Technik hat uns eine Welt geschaffen, in der wir nur zuzugreifen brauchen. Sie schiebt uns aber damit wieder in die Rolle nun von ihr abhängiger Kinder. So ist das Nicht-ertragen-Können der Einsamkeit häufig ein Zeichen uns verbliebener kindlicher Abhängigkeit. Schopenhauer gibt daher den Rat, dass es ein Hauptstudium der Jugend sein sollte, „die Einsamkeit ertragen zu lernen, weil sie eine Quelle des Glücks und der Gemütsruhe" sei. Das sollte uns aufhorchen lassen.

Warum überwiegt aber heute bei so vielen die Angst vor der Einsamkeit, warum tun wir alles Mögliche, um das Alleinsein zu vermeiden? Ein Grund ist sicher der, dass wir es nicht gelernt haben, Einsamkeit zu ertragen. Man kann aber etwas nicht erlernen, vor dem man immer auf der Flucht ist. Trifft sie uns dann doch, wagen wir es nicht, die Einsamkeit einmal anzunehmen, in uns hineinzulauschen; sondern wir versuchen so schnell wie möglich, das aufkeimende unbehagliche Gefühl zu betäuben, zuzudecken mit irgendwelchen Füllseln. So überwinden wir aber nie die Angstschranke, die vor das Annehmen der Einsamkeit gesetzt ist. Und das lässt uns gar nicht dazu kommen, sie als einen Wert zu erleben, da wir von vornherein der Meinung sind, dass Einsamkeit nur Leere, Langeweile, kurz ein Mangelerlebnis sei. Was bedeuten uns noch Worte wie Stille, Sammlung, Besinnlichkeit, Schweigen, In-uns-Hineinhorchen, Selbstbegegnung oder Selbstvergessenheit? Wir müssen es offenbar erst wieder lernen, allein sein zu können, ohne Angst zu bekommen, ohne uns zu langweilen und ohne zu befürchten, „etwas zu versäumen". So ist unser Blick, wie bei einem Süchtigen, immer nur auf das gerichtet, was wir gerade vermissen und zu brauchen glauben. Wir sind immer auf der Flucht vor uns selbst, vor der Begegnung mit uns selbst, weil wir immer etwas haben wollen, statt etwas zu sein, wie es Erich

Fromm ausdrücken würde. Und wenn uns dann das Alleinsein und die Einsamkeit doch einholen, sind wir hilflos wie ein Kind, voller Selbstmitleid und klagender Forderungen nach einer Hilfe von außen. Denn wir haben unser Eigensein zu wenig entwickelt – die Einsamkeit trifft in uns auf eine Leere, die wir aus uns selbst heraus nicht füllen können.

Aber neben den beschriebenen Einsamkeiten, die eine Wiederbelebung kindlicher Erfahrungen sind, gibt es schwerer zu ertragende schicksalhafte Einsamkeiten, in die wir durch den Tod geliebter Menschen oder durch Trennungen gestoßen werden können, durch anhaltende Partnerlosigkeit oder durch Krankheiten und durch das Alter. Und hier werden die Einsamkeit und das Alleinsein umso schwerer und schmerzlicher für uns, je geringer unsere Aussicht auf neue Begegnungen oder Bindungen ist, was ja am häufigsten für das Alter zutrifft. Aber selbst bei solchen Schicksalsschlägen gilt es, dass sie uns umso härter treffen, je weniger wir darauf vorbereitet waren. Krankheit, Trennung und Verlusterlebnisse gehören als Möglichkeiten, Alter und Tod als Gewissheiten zu unserem Leben, aber wir verdrängen dieses Wissen meist zu lange, schieben die Gedanken an jene Möglichkeiten von uns weg und beziehen sie erst spät – als auch für uns selbst gültig – in unser Denken ein. Und dann ist es inzwischen immer schwerer geworden, vor der Einsamkeit zu fliehen – wohin könnten wir es noch? Die Welt draußen hat nicht viel übrig für einsame, kranke oder alte Menschen. Wer Unglück gehabt oder Leid zu tragen hat, ist selten willkommen, erinnert er uns doch an Möglichkeiten schicksalhafter Art, an die wir nicht gerne erinnert werden wollen. Dann erfährt man oft bitter, dass man nicht erwünscht ist, dass man gemieden wird, dass letztlich kein Verlass auf andere ist, dass man mit niemandem rechnen kann. So wird die Möglichkeit der Flucht vor der Einsamkeit immer geringer, und oft hat man dann nur durch eine Krankheit die Chance, das Mindestmaß an Fürsorge und Kontakt noch zu bekommen, das ein Krankenhaus oder eine Pflege zu geben vermag. Flucht vor der Einsamkeit ist keine wirkliche Lösung. Entweder wir bleiben dann abhängig und angewiesen auf die mitmenschliche Umwelt, auf die wir uns nicht verlassen sollten, oder wir erfahren die Unmöglichkeit der Flucht und werden krank, fallen in Depressionen oder suchen die Rettung in irgendeiner Form der Betäubung.

Wir sollten daher schon früh beginnen, das Alleinsein zu lernen. Ein gesundes Kind hat immer zwischendurch das Bedürfnis, allein zu sein, sich selbst überlassen zu werden, und es weist schon auf eine Entwicklungsstörung hin, wenn es nicht in der Lage ist, sich auch allein zu beschäftigen. Das Spiel ist ja die erste Form, mit der Welt etwas anzufangen, die eigenen Fähigkeiten und die Beschaffenheit der Dinge kennen zu lernen und sie aus der Phantasie zu gestalten. Daran entwickeln sich unsere schöpferischen Fähigkeiten. Wenn wir es als Kinder lernten, etwas mit Lust und Liebe zu tun, wann und solange wir es wollten, wenn wir die Freude am konstruktiven Spiel erleben durften, brauchen wir später keine Angst vor Langeweile zu haben und können auch das Alleinsein ertragen. Denn wir werden dann immer etwas finden, dem wir unser Interesse zuwenden können. Wir kennen ja dann die Beglückung, die eine intensive und konzentrierte Tätigkeit vermittelt. Wir haben es ja erlebt, dass unsere Bereitschaft, uns gründlich und mit innerer Anteilnahme mit etwas zu beschäftigen, Fähigkeiten und ein Können in uns weckt, die wir vorher nicht besaßen; dass wir zugleich immer neue Entdeckungen an uns selbst und an der Welt machen, denen keine Grenzen gesetzt sind.

Solches mit Lust und Liebe erforschen, studieren, pflegen, gestalten oder verstehen wollen ist eine der schönsten Gaben, die wir besitzen, und es gibt nichts auf der Welt, zu dem wir nicht auf einem dieser Wege einen Zugang finden könnten. Das Leben und die Welt sind so reich und voller Wunder, die nur darauf warten, entdeckt zu werden. Und der Mensch ist so reich und vielseitig angelegt, dass jeder jemanden oder etwas finden kann, dem er sein Herz und sein Interesse zuwenden kann – sei es in der Form einer tätigen Liebe oder in der eines forschenden Sichversenkens, sei es in schöpferischem Gestalten oder im Erfüllen einer Aufgabe. Denn was uns letztlich am Leben erhält, ist diese Fähigkeit, uns an etwas zu freuen, etwas mit Lust und Liebe zu tun, etwas zu lieben. Diese unsere Fähigkeit ist glücklicherweise so plastisch und flexibel, dass sie immer etwas finden kann, dem sie sich zuwendet, in der Außenwelt und in uns selbst. Hier ist die Trägheit des Herzens unser größter Feind, jene Trägheit, die uns egozentrisch nur an uns selbst, an die Befriedigung unserer Wünsche und Bedürfnisse denken lässt. Flucht vor der Einsamkeit ist von einem gewissen Alter an häufig ein Zeichen von solcher Trägheit des Herzens: von mangelnder Liebesbereitschaft oder dem Ausweichen vor der Begegnung mit uns selbst in einer wesentlicheren Dimension als der der Alltäglichkeit. Wir hörten schon, dass Schopenhauer von der Einsamkeit als einer Quelle des Glücks und der Gemütsruhe sprach. Und Einstein sagte von sich, dass er in jener Einsamkeit lebe, die peinvoll in der Jugend sei, aber köstlich in den Jahren der Reife. Und Bernard Shaw formuliert sogar: „Ich erkenne jetzt, dass die Einsamkeit Gottes seine Kraft ist."

Gewiss, diese Worte stammen von großen, genialen Menschen, und in diesem Sinne sagt nochmals Schopenhauer, dass „Einsamkeit das Los aller hervorragenden Geister" sei. Hat danach die Einsamkeit nur für geniale und schöpferische Menschen diesen positiven Aspekt, oder können auch wir „mittleren" Menschen zu ähnlichen Erfahrungen hinfinden? Soviel ist ja sicher: Die zitierten Worte stammen von Menschen, die ein erfülltes, tätiges und schöpferisches Leben leben durften. Es ist aber nicht jedem gegeben, große Werke zu schaffen, wissenschaftliche Entdeckungen zu machen oder sonst für die Menschheit etwas Bedeutendes zu leisten. Aber jene Menschen machten doch offenbar die Erfahrung, dass Einsamkeit eine Quelle der Kraft sein kann. Sie suchten sie nicht aus Enttäuschung, Verbitterung oder Menschenhass, sie waren auch keine Einsiedler und flohen nicht in die Einsamkeit. Aber sie machten offensichtlich die Erfahrung, dass die Einsamkeit sie bereicherte, dass sie ihr vieles verdankten, was erst durch sie möglich wurde.

Wovor fliehen wir eigentlich, wenn wir vor der Einsamkeit fliehen? Ein Motiv fanden wir in der Langeweile. Langeweile ist aber eine Form des Verschlossenseins, der stumpfen Interesselosigkeit, des trotzigen Sich-dem-Leben-Verweigerns. Wovor wir daher hier eigentlich fliehen, das ist die notwendige Anstrengung, unser Interesse auf etwas zu wenden, unser Herz an etwas zu hängen. Wir weichen aus vor irgendeiner Form der Tätigkeit, der aktiven Zuwendung auf Menschen oder Dinge. Wir verhalten uns wie schmollende Kinder, die darauf warten, dass man errät und ihnen bringt, was sie wünschen. So lernen wir aber nie die Beglückung kennen, die uns aus dem Erfüllen einer Aufgabe zuwachsen kann, aus irgendeiner Form auch bescheidener schöpferischer Tätigkeit, die in jedem von uns angelegt ist. Wir lernen nicht das Aufgehobensein kennen, das in einer intensiven Beschäftigung, im lebendigen Interesse für etwas liegen kann. So fliehen wir hier eigentlich davor, in dem Sinn erwachsen zu werden, dass wir uns eine Tätigkeit, einen Gegenstand, eine Aufgabe suchen, anstatt zu warten, bis uns, wie im Schlaraffenland, etwas zugeflogen kommt.

Ein weiteres Motiv, in die Einsamkeit zu fliehen, war das Alleinsein, das Gefühl der Verlassenheit, des fehlenden Aufgehobenseins in menschlichen Kontakten, das jene unbestimmte

Angst in uns auslöst. Hier käme es darauf an, diese Angst erst einmal auszuhalten und durchzustehen. Durch Betriebsamkeit und Kontaktsucht ist diese Angst nicht aufzulösen, nur vorübergehend zuzudecken, was auch für alle Betäubungsmittel gilt. Hier kann uns nur helfen, uns so liebenswert wie möglich zu machen, irgendeine Form tätiger Liebe auszuüben, für die es immer eine Möglichkeit gibt. Hier sollten wir also selbst damit anfangen, jemanden oder etwas zu lieben, anstatt darauf zu warten, dass wir geliebt werden. Und wir sollten auch wissen und es annehmen, dass mitmenschliche Geborgenheit ihre Grenzen hat, dass wir nicht von einem Partner, von unseren Kindern oder von der Gesellschaft erwarten können, ja dürfen, uns vor der Einsamkeit zu schützen. Wir müssen außer einem Bezugspunkt in einem Du oder in einer Gemeinschaft auch einen solchen in uns selbst entwickeln, denn die innere Leere ist um nichts leichter zu ertragen als die äußere Isolierung: Je mehr wir Persönlichkeit sind, in uns selbst ruhen, umso weniger kann uns die Einsamkeit schrecken.

Aber unsere Lebenssituation kann so beschaffen sein oder sich so verändern, dass eine zunehmende Einsamkeit es uns immer schwerer macht, vor ihr zu fliehen. Trennungs- und Verlusterlebnisse, Alter und Krankheit können uns wachsend isolieren. Trennungs- und Verlusterlebnisse werfen uns oft unerwartet auf uns selbst zurück, hinterlassen eine Leere, Trauer und Schmerz, vor denen es keine Flucht gibt. Hier überfällt uns eine Einsamkeit, die durchlitten werden will, die wir annehmen müssen. Wir können wohl auch dann versuchen, uns zu betäuben. Aber weil die Betäubung immer nur kurz anhält, werden wir bis zur Süchtigkeit abhängig von dem Betäubungsmittel. Es gibt eben Einsamkeiten, vor denen es keine Fluchtmöglichkeit gibt. Sie bringen manchmal eine Wende in unser Leben, wenn wir sie austragen: Dann können wir demütiger und menschlicher aus ihnen hervorgehen, können beginnen, manches loszulassen, was wir meinten festhalten oder erstreben zu müssen, und können dadurch wesentlicher werden. Fluchtversuche vor solchen Einsamkeiten verflachen uns.

Es gibt noch zwei Geborgenheiten, die sich uns öffnen können, zu denen wir einen Zugang finden können, wenn wir die Einsamkeit annehmen, statt sie zu fliehen. Die eine Geborgenheit kann uns die Natur vermitteln, wo immer wir uns ihr zuwenden. Wer sich durchlässig macht für all die Wunder des Lebens, wer sich als Geschöpf unter Geschöpfen fühlt, eingebettet in das große Entstehen und Vergehen, in Geburt und Tod, Wachstum und Reife, braucht Einsamkeit nicht zu fürchten. Sie kann ihm im Gegenteil oft erst den Zugang zum Kreatürlichen öffnen, ihm helfen, seine engen, ichhaften Grenzen zu überschreiten in eine Verbundenheit mit allem Lebendigen. Vor allem wir Großstädter sind der Natur oft so weit entfremdet, dass wir sie gar nicht mehr wirklich wahrnehmen, geschweige uns ihr liebend öffnen. Ein großer Anteil an unserer heutigen Angst vor der Einsamkeit hängt damit zusammen, dass wir die Naturnähe verloren haben, das Gefühl des Aufgehobenseins in über uns hinausreichenden Zusammenhängen nicht mehr kennen. Der moderne Mensch in seiner hochtechnisierten und hochzivilisierten Welt kennt – bei all dem Reichtum an materiellen Gütern – Einsamkeiten und damit verbundene Ängste, die naturverbundene Generationen so nicht kannten. Und doch steht uns allen diese Geborgenheit in der Natur noch offen, wenn wir uns nicht in immer neuem Habenwollen verhärten und egozentrisch uns vor allem verschließen, was uns die eigenen Grenzen transzendieren lassen kann.

Und schließlich gibt es noch eine letzte Einsamkeit, vor der wir nicht fliehen können: Krankheit und Alter, die trotz mancher Versprechungen auch die moderne Medizin nicht verhindern oder aufhalten kann. Hier hilft uns wohl nur noch die Besinnung nach innen, auf die eigene Tiefe, in welcher wir vielleicht durchstoßen können zu dem, was wir Gott oder den kosmischen Seinsgrund oder das mystische All-Einssein nennen. Dann kann unsere letzte Einsamkeit des Sterbens in ein Aufgehobensein münden, in eine Selbstvergessenheit, der vielleicht das Wort Erlösung am ehesten entspricht.

Freilich, all das wird uns nicht geschenkt. Aber es gibt viele Wege dahin. Der Anfang liegt immer darin, Einsamkeit anzunehmen, statt vor ihr zu fliehen. Welchen Weg wir dann wählen oder finden, der uns die Segnung der Einsamkeit entdecken lässt, das wird von Mensch zu Mensch verschieden sein. Es soll hier auch nicht einer Flucht in die Einsamkeit das Wort geredet werden – es ging hier darum, dass gerade wir Heutigen den Mut haben sollten, uns zu unserer Einsamkeit zu bekennen, die einen wesentlichen Teil unseres Menschseins ausmacht: das Bewusstsein nämlich der Einmaligkeit unserer Individualität, die unvermeidlich immer auch Einsamkeit bedeutet. Vor dieser zu fliehen hieße Flucht in die Scheinsicherheit kollektiver Angepasstheit.

Nachwort zur 1. Auflage

(leicht gekürzt)

Fritz Riemann war einer der wenigen Psychoanalytiker, die trotz realer beruflicher Repressionen und drohender persönlicher Verfolgung durch ihr wagemutiges Verbleiben in Deutschland während der Nazizeit mit die Grundlage schufen für das baldige Wiederaufleben der Psychoanalyse nach dem Zweiten Weltkrieg. Er ist so für viele Psychoanalytiker in Deutschland zum ersten Vermittler und zum persönlich-menschlich überzeugenden Lehrer der Psychoanalyse geworden.

Er war aber über den engeren fachwissenschaftlichen Kreis hinaus auch einer der wenigen Psychoanalytiker, die – ähnlich wie Erich Fromm, Alexander Mitscherlich und Horst Eberhard Richter – eine zwar anders gelagerte, aber vergleichbare Ausstrahlung und Breitenwirkung in viele Schichten der Bevölkerung hinein erreicht haben. Vor allem mit seinem immer wieder neu aufgelegten Buch „Grundformen der Angst“ half er vielen Menschen in ihrem Suchen nach Selbstverständnis, wobei sein präziser, aber unakademischer Stil es ermöglichte, jeden Leser anzusprechen und ihn für seine Erfahrungen und Gedanken erreichbar zu machen.

Fritz Riemann ist am 24.8.1979 gestorben. Neben seiner psychotherapeutischen Praxis, die er bis in die letzten Lebenswochen weiterführte, blieb er ebenso lange schriftstellerisch tätig. Seit 1970 beschäftigte ihn u.a. der Entwurf eines Buches unter dem Titel „Die Kunst des Alterns“.

Was hier steht, sind nicht nur Schreibtischgedanken. Riemann hat das Altern persönlich leidend, letztlich aber bejahend angenommen. Er berichtet von Erlebtem. Es ist wohl gerade die überzeugende Wahrhaftigkeit, die so viele anspricht und nach der so viele Menschen verlangen und suchen.

Der Trostlosigkeit einer Welt, wie sie moderne Autoren und Schriftsteller aus ihrem Erleben oft vermitteln, stehen hier Weltauffassungen gegenüber, in denen nichts von Brüchigkeit, wohl aber von Konflikten und Antinomien spürbar wird. Diese als existentielle Notwendigkeit und Realität bewusst zu machen, um das Sicheinlassen darauf auf einer bewussten Austragsebene zu ermöglichen, ist Riemanns Anliegen. Wusste er doch aus der täglichen psychoanalytischen Erfahrung heraus, dass die Auswirkungen unbewusst weiterschwelender und verleugneter Probleme lebenszerstörerisch, zumindest jedoch lähmend für die Reifung zu einem sinnerfüllt gelebten Leben werden können. Das erschien ihm auch als die eigentliche Zielsetzung seiner psychotherapeutischen Arbeit: die Vermittlung der seelischen Kräfte zum Freisetzen jener freilich immer begrenzten und sehr individuell-unterschiedlichen entelechialen Fähigkeiten, die jedem von uns mitgegeben sind.

Aus diesem humanistisch-bürgerlichen „Bildungsideal", das bei Riemann freilich weniger Bildung als geistigen Besitz, sondern Ausbildung und Entfaltung konkreter Liebesfähigkeit meinte, erwuchsen ihm progressive und moderne Gedanken. Als einer der Ersten hat er auf Tendenzen des Zeitgeistes hingewiesen, in Überschätzung des Ideals der Jugendlichkeit das Alter einseitig aus der „Nicht-mehr-Perspektive" zu begreifen. Er versuchte dagegen die qualitativ neuen Möglichkeiten des Alters ebenso zu sehen und zu erarbeiten und diese durch soziale Maßnahmen und therapeutische Angebote zu fördern, längst bevor zum Beispiel in der Medizin der Ruf nach einer zu schaffenden Geriatrie laut wurde. Die Frage des ungelebten Lebens, auch als psychosoziale Mitursache von tödlichen Krankheiten – psychosomatische Medizin im weitesten anthropologischen Sinn – hat Riemann früh beschäftigt. Seine Skepsis gegen einen nur positivistischen Wissenschaftsbegriff hat ihm lange vor dem Erscheinen soziologischer Untersuchungen geholfen, die Grenzen und Einäugigkeit einer nur naturwissenschaftlich-biologistischen Medizin, aber auch einer entsprechend materialistischen Menschen- und Weltsicht und die damit zusammenhängende Blindheit und inhumane Verblendung zu erkennen. Hierin in guter psychoanalytischer Tradition, aber eigenständig auch über deren Grenzen hinausgehend, war er von der Vielschichtigkeit des Lebens und der Relativität aller Wahrheiten so überzeugt, dass ihm das „organische Denken" in den Zusammenhängen vieler Aspekte und der Notwendigkeit ihrer Zusammenschau entscheidend war, dass er also versuchte, den Menschen und die Welt als Gesamtorganismus im Kosmos zu begreifen, in dem keine Einzelfunktionen über- oder unterwertig werden dürfen. So scheute er sich auch nicht, seine eigene Wissenschaft – die Psychoanalyse – zu kritisieren, wo sie ihm allzu einseitig einen „Nichts-als-Standpunkt" zu vertreten schien und wo sie ihm manchen wichtigen Phänomenen des Lebens und der Seele gegenüber zu eng oder gar phänomenblind vorkam.

Im Altern sah Riemann psychoanalytisch nicht nur das später kaum mehr zu beeinflussende Weiterwirken des unbewussten Wiederholungszwangs, also die starre und immer starrere Einfärbung der zweiten Lebenshälfte durch persistierende Kindheitsängste und deren Abwehr, auch nicht nur das Wirken eines „Todestriebs", sondern auch und als wesentlich kreatives Element Wandlungskräfte und neue, aber zu erwerbende und bewusst einzuübende Fähigkeiten. Diese stellte er einer nur reduktiv fassbaren Determination durch die Vergangenheit antinomisch gegenüber: Erst aus beiden Tendenzen gestaltet sich das Leben fruchtbar und lebendig. Er sah freilich, dass im Alter oft eine Art Rückkehr in die Kindheit und deren Erlebnisse wieder emotionale Aktualität gewinnt („der Kreis schließt sich“), aber dabei auch die Chance, dies aus einer neuen Sicht und einer anderen Bewusstseinsebene zu erleben, die nur dem Alter möglich ist und nicht in Resignation münden muss.

So finden wir in seinen Gedanken über das Alter auch keine wissenschaftliche Abhandlung vor, keine Lehre, sondern: Gedanken über eine Kunst. Vielleicht wird es gerade die Bescheidenheit sein, in der er seine Gedanken als seine persönlichen vorträgt, was sich auch in der für jedermann verständlichen schlichten Sprache äußert, was viele Leser nachdenklich macht.

München, Ostern 1981

Siegfried Elhardt
Doris Zagermann

Literatur

Bettelheim, B. (1995): Aufstand gegen die Masse. Fischer, Frankfurt/M.

Brinckmann, A. E. (1925): Spätwerke großer Meister. Frankfurter Verlagsanstalt, Frankfurt/M.

Bühler, Ch. (1969): Wenn das Leben gelingen soll. Psychologische Studien über Lebenserwartungen und Lebensergebnisse. Drömer, Knaur, München, Zürich

Franz, M. L. v. (1992): Der ewige Jüngling, Kösel, München

–, Frey-Rohn, L., Jaffé, A. (1980): Im Umkreis des Todes, Daimon, Zürich

Freud, S. (1982ff): Über Trauer und Melancholie. Gesammelte Werke, Studienausgabe, Bd. 3, Fischer, Frankfurt/Main

Jaffé, A. (1967): Der Mythos vom Sinn im Werk von C. G. Jung, Rascher, Zürich

Jung, C. G. (1971ff): Seele und Tod. Bd. 8, Gesammelte Werke in 20 Bänden, Walter, Olten

– (1999): Erinnerungen, Träume, Gedanken, Walter, Zürich

Kleespies, W. (2003): Angst verstehen und verwandeln, Ernst Reinhardt, München/Basel

– (2001): Licht am Ende des Tunnels. Vom Sinn der Depression, Königsfurt, Krummwisch (Erstausgabe 1998 unter dem Titel: Vom Sinn der Depression, Ernst Reinhardt, München/Basel)

Latude, H. M. de (1981): Fünfunddreißig Jahre im Kerker. C. H. Beck, München

Müller, L. u. Müller, A. (Hg.) (2003): Wörterbuch der Analytischen Psychologie, Patmos Verlag GmbH, Walter Verlag, Zürich

Riemann, F. (2004): Grundformen der Angst. Eine tiefenpsychologische Studie. 36. Aufl., Ernst Reinhardt, München/Basel

– (2003): Grundformen der Angst. Hörbuch mit 4 CD (295 Minuten), Ernst Reinhardt, München/Basel

Schmid, W. (1998): Philosophie der Lebenskunst, Suhrkamp, Frankfurt

Schmidt, H. (1991): Philosophisches Wörterbuch. Kröner, Stuttgart

Spitteler, C. (1924): Prometheus der Dulder. Diederichs, Jena

Stevens, A. (1993): Das Phänomen C. G. Jung. Biografische Wurzeln einer Lehre, Walter, Düsseldorf

Sydow, K. v. (2003): Sexuelle Realitäten älterer Frauen. BzgA FORUM, 1–2, 12–15

Wechssler, E. (19930): Die Generation als Jugendreihe – und ihr Kampf um die Denkform. Quelle & Meyer, Leipzig

Bildnachweis

S. 12: Michel-Ange Slodtz, Diana und Endymion, Ausschnitt (um 1740)
S. 27: Gustave Caillebotte, Segelboot auf der Seine bei Argenteuil (1893)
S. 37: Johann Heinrich Wilhelm Tischbein, Goethe in der Campagna, Ausschnitt (1787)
S. 43: Therese Austermann, Gingkoblatt (2002)
S. 55: Michelangelo Caravaggio, Hl. Hieronymus beim Schreiben, Ausschnitt (1605–1606)
S. 67: Lucas Cranach d. Ä., Der Jungbrunnen, Ausschnitt (1546)
S. 77: Franz Marc, Zwei Frauen am Berg (1906)
S. 87: Paul Cézanne, Die schwarze Marmoruhr (1869–1871)
S. 103: Gustave Caillebotte, Segelboote in Argenteuil, Ausschnitt (um 1888)
S. 113: Pierre-Auguste Renoir, Stilleben, Rosen vor Blauem Vorhang, Ausschnitt (1908)
S. 119: Matsumura Goshun, Reiher über einem Malvenbaum (um 1800)
S. 131: Wagenlenker von Delphi, Ausschnitt (um 475 v. Chr.)
S. 143: Giovanni Fattori, Sonnenuntergang am Meer (1890–1895)

Hartmut Radebold | Ruth Schweizer
Der mühselige Aufbruch

Eine Psychoanalyse im Alter
(Reinhardts Gerontologische Reihe; 24)
2., überarb. Auflage 2001. 238 Seiten.
(978-3-497-01568-9) kt

Psychoanalyse während des Alterns – eine erstmalige „Expedition" in bisher unzugängliche seelische Landschaften.

Ruth Schweizer (Pseudonym) war vom 65. bis zum 69. Lebensjahr Patientin von Hartmut Radebold, dem Nestor der deutschsprachigen Alternspsychotherapie. Beide schildern den „mühseligen Aufbruch" aus Depression und Verunsicherung. Gezeigt wird, wie die Patientin im Laufe der Psychoanalyse Selbstmordgedanken, Ängste und zahlreiche psychosomatische Symptome abbauen kann. Nach vierjähriger Behandlung hat sie zu neuer und stabiler Lebenszufriedenheit gefunden. Inzwischen ist Ruth Schweizer 80 Jahre alt und psychisch gesund.

In Fachkapiteln erörtert der Autor die besonderen Aspekte der psychoanalytischen Behandlung Älterer: Übertragung und Gegenübertragung, Psychodynamik und Entwicklungsmöglichkeiten sowie Widerstände gegen diese Form der Behandlung Älterer.